beck'sche
reihe

W0174625

b^{sr}

Philosophen haben seit den Anfängen der Philosophie im antiken Griechenland gefragt, was Erkenntnis ist. Dabei haben sie immer die Wissenschaften ihrer Zeit als Beispiel für Erkenntnisgewinn genommen. Seit sich die modernen Naturwissenschaften dem Menschen zugewandt haben, scheint der Vorgang des Erkennens ein Gegenstand naturwissenschaftlicher Forschung geworden zu sein. Das Buch zeigt auch für Laien verständlich, wie „Erkenntnis" in die Zuständigkeit der Naturwissenschaften geraten ist und welche Aufgabe dabei der Philosophie heute noch bleibt. Der Leser wird an das Selber-Philosophieren herangeführt, so daß er am Ende eine Erkenntnis vom Erkennen erworben hat.

Peter Janich ist Professor für Philosophie an der Universität Marburg. Bei C.H.Beck ist von ihm erschienen: „Euklids Erbe. Ist der Raum dreidimensional?" (1989); „Grenzen der Naturwissenschaft" (1992), „Kleine Philosophie der Naturwissenschaften" (1997) und „Was ist Wahrheit?" (1996).

Peter Janich

Was ist Erkenntnis?

Eine philosophische Einführung

Verlag C.H. Beck

Die Deutsche Bibliothek – CIP-Einheitsaufnahme

Janich, Peter:
Was ist Erkenntnis? / eine philosophische Einführung /
Peter Janich. – Orig.-Ausg., – München : Beck, 2000
   (Beck'sche Reihe ; 1376)
   ISBN 3 406 42916 1

Originalausgabe
ISBN 3 406 42916 1

Umschlagentwurf: +malsy, Bremen
© C. H. Beck'sche Verlagsbuchhandlung (Oscar Beck), München 2000
Gesamtherstellung: C. H. Beck'sche Buchdruckerei, Nördlingen
Printed in Germany

Inhalt

I. Einleitung

II. Das philosophische Erbe

III. Die Naturalisierung der Erkenntnis

IV. Die Kulturalisierung der Erkenntnis

V. Was ist Erkenntnis?

I. Einleitung

1. Die Titel-Frage

„Was-ist"-Fragen haben einen besonderen Charme: Sie sind mehrdeutig, und zwar sowohl ihrem Wortlaut nach als ihrer Absicht nach. „Was-ist"-Fragen stellen sich beim Auftauchen eines unbekannten Wortes ebenso wie beim Auftauchen eines unbekannten Gegenstandes. Sie verdanken sich naiver Neugier ebenso wie gebildeter Nachfrage, können Diagnosen oder Erklärungen ebenso einfordern wie Geringschätzung für den Gegenstand der Nachfrage zum Ausdruck bringen. Worauf richtet sich also die Titelfrage dieses Buches „Was ist Erkenntnis?"

In der deutschen Alltagssprache ist das Wort „Erkenntnis" vertraut, wenn auch nicht so häufig verwendet wie das Verbum „erkennen". Es taucht eher in Verbindungen wie Selbsterkenntnis oder wissenschaftliche Erkenntnisse auf, oder in Sonderbedeutungen wie „die Erkenntnisse" einer staatlichen Behörde oder Polizei. Außerdem wird wohl jeder Leser und jede Leserin, die dieses Buch nun schon einmal zur Hand genommen haben, die Verbindung „Erkenntnistheorie" kennen und die Zuweisung der Titelfrage dieses Buches zur Philosophie erwarten. Deshalb soll hier keine künstliche Naivität beschworen werden. Jeder Mensch ist überzeugt, selbst Erkenntnisse gewinnen zu können und zu haben. Da dies aber – im wörtlichen Sinne – auch etwa für Geld, für Freunde oder für Lebensalter gilt, ohne gleich nach Büchern mit den entsprechenden „Was-ist"-Titeln zu verlangen, liegt der Wortsinn der Titelfrage wohl anders als bei einem völlig unbekannten Wort bzw. bei einem völlig unbekannten Gegenstand und anders als bei den altbekannten Beispielen aus dem täglichen Leben.

Vor einem naheliegenden Mißverständnis ist hier jedoch sofort zu warnen: Der Buchtitel heißt nicht „Was ist Erkenntnistheorie?" Dieser Titel könnte beim Leser zu Recht die Erwartung wecken, ein historisches oder systematisches Überblickswissen über die Theorien zu finden, die Philosophie und Wissenschaft in ihrer langen Geschichte zu bieten haben. Wer sich auf die Lektüre eines Buches über Erkenntnistheorien einläßt, hat dafür – wie klar oder verschwommen auch immer – schon Gründe, oder wenigstens Motive oder Anlässe. In diesen Gründen ist, selbstverständlich in einer groben Form, bereits der Unterschied von Theorie und Praxis präsent. Erkenntnistheorien sind, als Theorien, Satzgebäude und die in Satzgebäuden gefaßten Ansichten über Erkenntnis. Wer Erkenntnistheorien sucht, hat sich gegenüber der Praxis des Erkennens und gegenüber Erkenntnissen als Produkten dieser Praxis bereits in die Position des (mit dem griechischen Wort für Zuschauer) *theoros* zurückgezogen. Auf die Herkunft des griechischen Wortpaares *praxis* und *theoria* bezogen hat der an Erkenntnistheorie interessierte Leser bereits auf den Zuschauerrängen Platz genommen, um im Stadion die Praktiker des Erkennens am Werke zu sehen. Und seit der griechischen Antike ist die Zuschauer- oder Theoretikerrolle immer begehrt: Wo die Athleten im Stadion schwitzend nicht nur siegen, sondern auch unterliegen, gilt der Theoretiker als der feinere, dem Risiko des Verlierens enthobene Beobachter, Kommentator, Kritiker und Schiedsrichter.

Freilich gilt für Theorie und Praxis beim Sport wie beim Erkennen, daß es keine Zuschauer ohne Geschehen, keine Erkenntnistheorie ohne Erkennen gibt. Und mehr noch: Schnell geraten die Theoretiker selbst in die Situation der Wettkämpfer, wenn sich beim Theoretisieren herausstellt, daß der Nachbarzuschauer ganz anderes gesehen hat oder ganz anderes meint als man selbst.

Einer noch vorläufigen Einschätzung nach dienen Theorien dazu, Erkenntnisse in Sprache zu fassen. Wo im Vergleich mit den antiken Olympischen Spielen den Erkenntnissen die Siege der Olympioniken entsprechen, erhebt sich für die Zuschauerbänke die Frage, wer in der Theorie siegt. Kurz gesagt, formulieren Erkenntnistheorien selbst Erkenntnisse, mit denen sich in der olympischen Disziplin des philosophischen Dialogs, des Argumentierens und Begründens, des Aufstellens und Einlösens von Ansprüchen auf Geltung, d.h. auf die Gültigkeit von Behauptungen, siegen läßt?

Einleitend zu diesem Buch soll der Hinweis auf Theorie und Praxis des Erkennens rechtfertigen, warum hier kein historischer oder systematischer Abriß von Erkenntnistheorien geboten werden soll, gar mit irgendeinem Anspruch auf Vollständigkeit: Es wäre nur eine Illusion, sich zum Oberzuschauer machen zu wollen, dessen Objekt nun aus der Arena der Sportler zusammen mit den Zuschauerrängen der Theoretiker besteht, um dann letztere in ihrem Wettstreit zu beobachten, ihre Künste zu bewundern, ihre Schwächen zu bemerken und schließlich die Sieger der Tribüne auszuzeichnen. Diese Illusion besteht darin, durch die kleine Flucht von der Praxis zur Theorie, vom Stadion auf die Zuschauer- und Oberzuschauerplätze vermeintlich der Frage zu entkommen, was Erkenntnis ist.

Nicht nur, weil es bereits zahlreiche gelehrte Bücher gibt, die Erkenntnistheorien im historischen Überblick, in systematisch geordneten Gegenüberstellungen, in kritischen Textinterpretationen oder in scharfsinnigen Analysen behandeln, soll diesen nicht ein weiteres Buch hinzugefügt werden. Dem Leser soll vielmehr etwas ganz anderes geboten werden, nämlich die Einladung zur Praxis des Erkennens. Dies soll ein weiterer Vergleich verdeutlichen:

Wer die Arbeitsteilung zwischen Maurer, Polier, Architekt und Architekturprofessor als sinnvoll ansieht und auf jeder Stufe die Kompetenzen erkennt, die für eine erfolgreiche Baukunst wichtig sind, wird dennoch nicht annehmen, daß Gebäude ohne Maurer und Handwerker in die Welt kommen. Die aufeinander bezogenen und sich gegenseitig zum Gegenstand nehmenden Fähigkeiten ruhen letztlich, wenn sie nicht „reine Theorie" und damit folgenlos bleiben sollen, auf der untersten Stufe der genannten Hierarchie. Wenn die Anweisungen des Poliers durch die Maurer, wenn der Entwurf des Architekten durch die Bauleute und wenn die architektonischen Lehren durch Architekten, Poliere und Maurer nicht realisiert werden, bleibt jedes Urteil über Erfolg und Mißerfolg der theoretischen gegenüber den zugrundeliegenden praktischen Tätigkeiten ein unverbindliches Glasperlenspiel innerhalb des jeweiligen Berufsstandes. Selbstverständlich können Architekten anhand von Plänen für Bauten, die nie gebaut worden sind, argumentierend die Vorzüge und Nachteile von Plänen erwägen; und selbstverständlich können Architekturprofessoren die Konkurrenz von Planungsgrundsätzen und Architekturtheorien gegeneinanderstellen. Aber wenn nicht der Weg zurück zum Vollzug des Bauens und zur Beurteilung der nicht nur fingierten, sondern realisierten Produkte führt, bleibt der Streit der Theoretiker leer.

So verhält es sich auch bei dem Wettstreit der Erkenntnistheorien, seien nun Philosophen oder Fachwissenschaftler ihre Urheber. Wenn nicht das Erkennen als Vollzug und die mit jedem Handlungsvollzug verknüpfte Entscheidung des Akteurs, ob die Handlung gelungen ist oder nicht, immer wieder der erste Anlaß und das letzte Ziel erkenntnistheoretischer Überlegungen sind, bleiben diese nur fruchtlose Glasperlenspiele.

Die Titelfrage „Was ist Erkenntnis?" taugt also nicht als Nagel, an den ein historisches, systematisches oder mit einem anderen Ziel gemaltes Bild konkurrierender erkenntnistheoretischer Meinungen gehängt wird. Sie versucht vielmehr, den Vollzug des Erkennens bei den Vollziehenden selbst zum Gegenstand zu nehmen und Fragen aufzuwerfen, wie sie üblicherweise an Vollzüge von Handlungen gestellt werden: Wer verfolgt mit welchen Mitteln welche Ziele? Nach welchen Kriterien werden Gelingen und Mißlingen des Vollzuges, und nach welchen Kriterien Erreichen und Verfehlen des Zieles beurteilt? Welche Umstände geben den Ausschlag für ein Gelingen, und welche Anlagen und Vermögen des Akteurs helfen oder hindern beim Erkennen?

Selbstverständlich sind diese Fragen und die angebotenen Antworten, wie in jedem Buch zwangsläufig, auch hier selbst nur ein *Reden* über die Vollzüge des Erkennens und wecken damit den Verdacht, selbst auch nur eine Erkenntnis*theorie* zu sein; aber sie sind als sprachliche Äußerungen, als Behauptungen, Beschreibungen und Vorschreibungen, auch durch *Vollzüge* von Handlungen in dieses Buch gekommen und sollen sich als solche auf ihr Gelingen oder Mißlingen der Beurteilung stellen.

Damit gewinnen die Absichten, die dieses Buch verfolgt, ihre ersten Konturen: Hier soll nicht aus irgendeiner theoretischen Distanz, die häufig zum Ausweis von Kompetenz, Neutralität, Überblick oder der Unparteilichkeit dienen möchte, belehrend oder einladend von Erkenntnistheorien oder auch von Erkenntnissen gehandelt werden. Vielmehr soll das Erkennen in einem Dialog mit dem Leser reflektiert werden. Reflektieren, wörtlich also zurückbeugen (nämlich des Erkennens auf das Erkennen, und dies im Erkenntnisvollzug und nicht in der Distanz), ist die Absicht dieses Textes.

Daß eine solche Absicht nicht in einem luftleeren Raum entsteht, sondern als Ziel eines Autors auf einen bestimmten Bedarf bei den Lesern abgestellt ist, hat benennbare Gründe. Hauptgrund ist, daß gegenwärtig eine erhebliche, in den Folgen vielleicht sogar weltbewegende Verschiebung stattfindet: Erkenntnis wird derzeit von einem Gegenstand der Philosophie zu einem Gegenstand der Naturwissenschaften. (Dies ist die allgemeinste Bestimmung für ein Unternehmen, das man „Naturalisierung" der Erkenntnis nennt.) Und dieser Vorgang, der auf den ersten Blick an eine Verfachwissenschaftlichung von vormals philosophischen Gegenständen und Problemen erinnert, wie sie in ungezählten Fällen erfolgreich stattgefunden hat, droht hier mit fatalen Folgen: Erkenntnisse, vom philosophischen zum naturwissenschaftlichen Gegenstand umdefiniert, hören auf, von Nichterkenntnissen wie bloßen Meinungen oder Irrtümern unterscheidbar zu sein. Dies zu zeigen, ist ein Hauptanliegen dieses Buches.

Die Titelfrage „Was ist Erkenntnis?" ist damit, so viel sei einleitend gesagt, die Einladung zu Vollzügen, die nur der handelnde Leser selbst erbringen kann, und die auf die Frage gerichtet sind, wie und wozu Erkenntnisse von Nichterkenntnissen unterschieden werden.

2. Die Alltagssprache

Die deutsche Alltagssprache wird umso ungenauer, je mehr sie sich von den Gegenständen des Alltagslebens entfernt. Wörter, die für den Einkauf beim Bäcker benötigt werden, sind selbst dort, wo sie z.B. wegen regional verschiedener Bezeichnungen für Brot- und Brötchensorten einem Sprecher unbekannt sein sollten, durch die Praxis leicht kontrollierbar. Schlimmstenfalls zeigt man auf die gewünschte Ware.

Sobald sich Sprache aber, hier absichtlich laienhaft ausgedrückt, von den „konkreten" zu den „abstrakten" Gegenständen verschiebt, entfallen mehr und mehr solche Kontrollmöglichkeiten durch die Praxis. Statt dessen finden Sprachgebräuche Eingang, die aus Traditionen und Geschichte, aus unbekannter Herkunft in Religion, Kunst, Wissenschaft, Philosophie und aus nicht mehr aktuellen Lebensformen stammen. Das Wort Erkenntnis gehört sicher dazu. Dies zeigt sich beispielsweise im archaischen, biblischen Gebrauch in „Adam erkannte Eva", eine Wendung, die heute noch viel seltener auftaucht als das juristische „Erkennen auf" für einen Urteilsspruch.

Auch im Alltagsleben kann man – und dies treibt bekanntlich vor allem im Deutschen besondere Blüten – auf einen Nominalstil treffen, der den Substantiven vor den Adjektiven und Verben eine große Vorliebe entgegenbringt. Substantive, sofern sie keine Eigennamen z. B. für Personen, Tiere oder besonders wichtige Dinge und Ereignisse sind, sind unproblematisch in dem Sinne, in dem früher in deutschsprachigen grammatischen Bezeichnungen von „Dingwort" geredet wurde; wo es also um (natürliche oder künstliche) Dinge geht wie Bäume oder Häuser, oder um Ereignisse wie ein Gewitter oder eine Hochzeit.

Anders liegen die Verhältnisse dort, wo Substantive (immer noch laiensprachlich gemeint:) „abstrakte" Gegenstände bezeichnen. Da in der Einleitung dieses Buches noch nicht logisch befriedigend erklärt werden kann, was das Wort „abstrakt" genau bedeutet, denke man hier an Substantiva, die von Verben oder von Adjektiven abgeleitet sind. Wenn etwas erst einmal groß ist, spricht man von seiner Größe, wo es ruhig zugeht, von Ruhe, und was beliebig ist, hat Beliebigkeit. Entsprechend hat, was sich bewegt, Bewegung, und wer handelt, vollzieht eine Handlung. Selbstverständlich gehört im selben Sinne „Erkenntnis" zum Verbum „erkennen".

Mit solchen Versubstantivierungen von Verben und Adjektiven sind Gefahren verbunden, die außerhalb einer sorgfältigen Betrachtung von Sprachgebräuchen nur selten bewußt werden: Dem zunächst einmal harmlosen, weil keine neuen Inhalte ins Auge fassenden Übergang von Verben und Adjektiven zu Substantiven entspringt die Suggestion, daß dieser Wortbildung eine Gegenstandsbildung entspricht. Wo vorher nur etwas bewegt war oder sich bewegt hat, entsteht gleichsam ein neuer Gegenstand Bewegung, den man auf seine Eigenschaften hin abfragen kann. Hat Bewegung immer eine Richtung, immer Anfang und Ende, immer eine Bewegungsform, immer eine Ursache, immer eine Wirkung usw.? Versubstantivierung suggeriert also Verdinglichung und erlaubt sprachlich Fragen, die in dieser Form auf die Ursprungswörter, die Herkunftsverben und -adjektiva nicht oder jedenfalls nicht so einfach anwendbar gewesen wären.

Diese Erweiterung sprachlicher Möglichkeiten ist keineswegs nur ein Segen. Sie kann ebenso eine Quelle von Scheinproblemen sein. Scheinprobleme oder vermeintliche Probleme sind solche, die durch sprachliche Erweiterung formulierbar werden, aber nicht auf die Ursprungswörter zurückverfolgt werden können. Wer gewohnheitsmäßig schnell geht, dem wird man einen schnellen Gang zuschreiben – aber ob der Gang oder die Schnelligkeit eines Menschen eine Gewohnheit ist, läßt sich daran nicht erkennen.

Diese Beispiele sollen hier zunächst nur dazu dienen, Vorsicht gegenüber allen Formulierungen walten zu lassen, die sich am Substantiv „Erkenntnis" grammatisch korrekt und den sprachlichen Üblichkeiten entsprechend formulieren lassen. Nicht hinter jeder solchen Formulierung steckt ein tiefschürfendes Problem! Manchmal läuft die Sprache leer, und klingenden Formulierungen korrespondiert keine Frage oder entspricht kein Problem, das sich im Rückgang auf das Verbum „erkennen" darstellen ließe.

Die Versubstantivierung des Verbums „erkennen" zur Erkenntnis verdeckt z.B., ob es sich dabei um einen Vorgang oder um das Ergebnis eines solchen Vorganges handelt. Diese Zweideutigkeit ist von sehr vielen Wörtern im Deutschen bekannt. Wenn etwa die Arbeit des Bauern anstrengend ist, und in der Kunsthalle die neueste Arbeit des Malers X ausgestellt wird, so wird mit demselben Wort einmal ein Vorgang und einmal ein Ergebnis bezeichnet. Einen kleinen Hinweis gibt die Grammatik nur dort, wo der Plural auftaucht. Wie man mit den Arbeiten des Künstlers X eine Anzahl von Bildern meint, aber nicht sagen würde, die Arbeiten des Bauern seien anstrengend, so sind Erkenntnisse (Plural) wohl eher als Resultate gemeint, während der Vorgang des Erkennens mit dem Singular „Erkenntnis" bezeichnet wird, auch wenn „das Erkennen" eine Sammelbezeichnung für zahlreiche Einzelvorgänge ist.

Ein probates Mittel, Sprachgebräuche aufzudecken, einzukreisen und erläuternd abzugrenzen, ist die Suche nach Gegensätzen. Ein weiteres Mittel ist die Suche nach zusammengesetzten Ausdrücken, in denen das fragliche Wort vorkommt. Beide ergänzen sich häufig in ergiebiger Weise.

Erkenntnisse kann man gewinnen, haben, nutzen, weitervermitteln, und sie können fehlen, verlorengehen, oder sich gar als gefährlich, belastend oder irreführend herausstellen. Verschwommen sind die Grenzen in mancher Hinsicht zwischen Erkenntnis und Wissen. Zwar unterscheidet die Alltagssprache deutlich zwischen einem Wissen, das man durch Übernahme (bis hin zum Auswendiglernen) erwirbt, wie etwa das Wissen, welche die Hauptstädte der deutschen Bundesländer sind. Niemand wird dieses Wissen eine Erkenntnis nennen, und es wird ja auch niemand selbst auf Entdeckungsreise durch Deutschland gehen, um die Liste der Hauptstädte als persönliche Erkenntnis zu erwerben. Zum Wissen zählen die gelernten Vokabeln einer fremden Sprache genauso wie die Definitionen von Fachausdrücken in Spezialsprachen von Handwerkern, Technikern, Wissenschaftlern und Philosophen. Wissen kann man, auf welchem Platz man sein Auto geparkt hat und wann man geboren ist. Das Wort Erkenntnis dagegen ist eng mit dem Entdeckungszusammenhang, mit dem Erkennen verknüpft. Zwar können auch Erkenntnisse, wie sie z.B. in der Entdeckung des Unterschiedes von Vorder- und Rückseite des Mondes bestehen, vom Entdecker oder den Entdeckern übernommen werden, d.h., Erkenntnisse werden zum übernommenen Wissen. Aber man spricht doch wohl eher dort von Erkenntnissen, wo es auch um den Akteur geht, der Erkenntnisse gewonnen hat. Das Verbum „erkennen" für den Vorgang ist also immer bei der Rede von Erkenntnis präsent, auch wenn diese eher am Resultat als am Vorgang selbst interessiert ist.

Erkenntnis als Resultat wird sprachlich behandelt wie ein Besitz, dessen Fehlen nicht recht durch ein eigenes Wort bezeichnet wird. Wollte man als Kandidaten für diesen Gegensatz Irrtümer oder bloße Meinungen (im Unterschied zu begründeten und als wahr eingesehenen Meinungen) ins Auge fassen, wäre man wieder bei den Gegenbeispielen zu Wissen. Demgegenüber verweist das Wort Erkenntnis eher auf den glücklichen Ausgang von Erkenntnisbemühungen. Das heißt aber auch, daß, wer von Erkennen und Erkenntnis spricht, immer eine Sicherheit zum Ausdruck bringen möchte, daß ein erfolgreicher, ein gelungener Schritt des Entdeckens oder Erkennens vollzogen wurde. Mit anderen Worten: Erkennen wie Erkenntnis enthalten eine positive Bewertung; sie bringen den Erfolg von Erkennensbemühungen zum Ausdruck. Dies gilt sogar dann, wenn sich unangenehme Erkenntnisse geradezu aufdrängen, oder wenn sie in dramatischen Ereignissen unvermeidlich oder unausweichlich geworden sind. Die Einsicht, daß es sich um Erkenntnis (und nicht um einen Irrtum) handelt, gehört offenbar mit zum Sprachgebrauch von „Erkenntnis".

Häufig in der Alltagssprache sind Wendungen, in denen etwas „als etwas" erkannt oder wiedererkannt wird. Man trifft z.B. eine Person auf der Straße und erkennt plötzlich den alten Klassenkameraden aus der Grundschule, den man seit dreißig Jahren nicht gesehen hat. Oder man erkennt auf dem Fundamt seine Geldbörse wieder. Auf diese Bezüglichkeit „etwas als etwas erkennen" aufmerksam geworden, mutet die einfache Sprechweise „etwas erkennen" bereits als verkürzt oder elliptisch (d.h. etwas auslassend) an. Es ist dabei gleichsam stillschweigend bekannt, „als was" etwas erkannt wurde. Erkenntnisse, so läßt sich (wieder vom Verbum zum Substantiv übergehend) sagen, betreffen also Beziehungen oder Verhältnisse, nicht einfach Gegenstände. Diese Beobachtung am alltäglichen Sprachgebrauch teilt das Wort „Erkennen" mit Wörtern für Vorgänge, die wir als Exemplare des Erkennens einschätzen, wie z.B. das Wahrnehmen. Zwar sagt man, man nehme das Mondlicht, den Duft der Azaleen oder das Schlagen der Nachtigall wahr. Aber bei Versuchen, die Geltung dieser Wahrnehmungsaussagen in einem Gespräch gegen vorgebrachte Zweifel zu vertreten, wird wieder darauf verwiesen, daß man das Licht als vom Mond kommend, den Duft als von den Azaleen ausgehend oder den Vogelgesang als typisch für das Schlagen der Nachtigall erkannt hat. Außerdem sagt man entsprechend, man könne etwas „nicht erkennen", weil es zu klein oder zu weit weg sei. Auch hier ist mit Erkenntnis durch Wahrnehmung ein „Erkennen als" gemeint.

Nimmt man resümierend die Aspekte des Gelingens und der Bezüglichkeit „etwas als etwas erkennen" zusammen, so wird nach alltäglichem Sprachgebrauch von Erkenntnissen jedenfalls dort nicht zu sprechen sein, wo keinerlei Wissen oder wenigstens eine Vermutung in der Sache (für das „als etwas" erkennen) vorhanden sind, auf das erfolgreich Bezug genommen werden kann. Genauer wird man von Erkennen also nur dort sprechen, wo bezogen auf ein Wissen, auf eine zu beantwortende Frage oder auf ein zu lösendes Problem eine Antwort, eine Lösung und in diesem Sinne ein erfolgreicher Abschluß einer Bemühung gelingt. (Und selbst die Erkenntnisse, die ohne Bemühung, vielleicht sogar gegen Widerstände unausweichlich werden, beinhalten diesen Erfolg, bei kritischer Prüfung im Nachdenken oder in der Bewertung diese Bezüglichkeit herzustellen.)

3. Die Bildungssprache

Die Alltagssprache ist, so wurde oben gesagt, beeinflußt von nicht mehr bekannten Traditionen und Geschichten aus vielfältigen Zusammenhängen wie Religion, Kunst oder Wissenschaft. Merkmal dieser versunkenen, von Historikern der Sprachwissenschaften und der Geistesgeschichte gelegentlich wieder zutage geförderten Zusammenhänge ist, daß sie dem Sprecher unbekannt sind. Diesen Sprachverwendungen stehen als bekannte solche gegenüber, bei denen der Sprecher Auskunft geben kann. (Ob diese Auskünfte tragfähig sind, ist eine ganz andere Frage.) Bildungssprachliche Antworten auf die Frage, was Erkennen und Erkenntnis seien, verweisen auf Zusammenhänge z.B. mit Erkenntnistheorien der philosophischen Tradition oder mit Erkenntniswissenschaften z.B. der gegenwärtigen Forschung in Psychologie, Sinnesphysiologie, in den Neurowissenschaften, kurz, in den Fächern, die sich vor allem mit naturwissenschaftlichen Mitteln auf den Menschen, seine Erkenntnisfähigkeit und seine Erkenntnisprodukte richten.

„Bildungssprache" werden solche Sprachstücke hier genannt, weil sie Ausdruck einer historischen oder systematischen Bildung sind. Damit ist jedoch leider nicht der Anspruch eingelöst, daß ein solcher Sprachbesitz jeder Nachfrage standhalten kann, etwa Nachfragen nach ausdrücklicher Definition oder nach Einlösung erhobener Geltungsansprüche. Man denke zum Beispiel an Aussagen über die organismische Ausstattung des Menschen oder über die wahren Absichten eines zum Klassiker aufgestiegenen philosophischen Erkenntnistheoretikers. Deshalb sind auch alle philosophischen oder wissenschaftlichen Erläuterungen zu Erkennen und Erkenntnis zunächst einmal (nur) bildungssprachlich, wenn außer dem autoritätsgläubigen Zitat keine Legitimation für Bedeutung und Geltung der angebotenen Erläuterungen beigebracht wird.

Bildungssprachlich sind z.B. Behauptungen der Art, daß Erkenntnisse nicht anders als über die Sinne entstehen könnten. Oder daß durch bloßes Nachdenken und logisches Schließen zwar Erkenntnisse struktureller Art, nicht aber neue inhaltliche Erkenntnisse gewonnen werden könnten; oder daß alle Erkenntnisse in zwei Gruppen zerfielen, solche der Erfahrung und solche des Verstandes. Oder daß Erkenntnisse Leistungen ihrer Träger seien, menschlicher Organismen, deren Funktion kausal das Zustandekommen von Erkenntnissen erkläre. Oder daß Erkenntnisse gerade die Leistungen seien, für die der menschliche Körper auf das zu Erkennende hin evolutionär angepaßt sei, ansonsten er nicht überlebt hätte. Erkenntnisse in den Wissenschaften seien parteilich oder wertfrei, überparteilich oder durch ihren Nutzen definiert, bildeten eine Fortschrittsgeschichte oder seien prinzipiell relativ, bezogen auf ihre Urheber und deren Interessen, auf Forschungsstile, auf Kulturen, auf Personengruppen usw.

Niemand, der Behauptungen riskiert, wie sie durch die vorstehende Liste von Exemplaren eher angedeutet als geordnet und erschöpfend aufgezählt sind, wird diese „einfach so", d.h. dogmatisch, ohne Gründe äußern. Solchen Behauptungen liegt vielmehr die Überzeugung zugrunde, daß sie in Erläuterungs- und Begründungszusammenhänge eingebettet sind, die, sofern nur danach gefragt wird, vorgetragen oder doch wenigstens nachgelesen werden können. Bei der Bildungssprache haben wir es also, kurz gesagt, mit dem Bezug auf Autoritäten zu tun.

Selbstverständlich könnten wir unser tägliches Leben nicht bestreiten, wollten wir alles, was wir zur Grundlage unserer Lebensentscheidungen machen, selbst entdeckt und geprüft haben. Die Übernahme von Wissen und von Erkenntnissen anderer, ja die vertrauensvolle Bezugnahme auf Autoritäten, ist unverzichtbar und im allgemeinen unvermeidbar.

In einem Buch des Titels „Was ist Erkenntnis?" kann dies aber nicht die Antwort sein. Dort soll es ja gerade, wie im vorletzten Abschnitt dargelegt, um eine Nachfrage nach dem gelingenden Vollzug von Erkenntnisbemühungen gehen. Und dieses Gelingen kann nicht dadurch definiert sein, daß auf der nächst höheren Betrachtungsebene, also auf der Zuschauertribüne, wieder nur den Autoritäten nach dem Munde geredet wird. Bildungssprachliche Erläuterungen zu Erkennen und Erkenntnis dürfen damit auf der erkenntnistheoretischen Ebene der kritischen Prüfung nicht entzogen werden.

4. Das Programm

In den drei vorangehenden Abschnitten dieser Einleitung sollten drei durch die Titelfrage „Was ist Erkenntnis?" naheliegende Mißverständnisse abgewendet werden. Das erste könnte man die Lehnsessel-Perspektive nennen, in der die Geschäftigkeit des Erkennens (im Alltag wie in der Wissenschaft) ebenso wie die Geschäftigkeit der Erkenntnistheoretiker (in der Tradition der akademischen Philosophie) aus der gelassenen Distanz der Untätigkeit betrachtet wird. Das Mißverständnis steckt bereits darin, eine solche Betrachtung, die ja mit dem griechischen Lehnwort nichts anderes ist als ein Theoretisieren, für ein Mittel zu halten, der Entscheidung für oder gegen Meinungen, Definitionen, Behauptungen usw. durch ein Zurücklehnen im Sessel zu entkommen. Es gibt keine Zuschauer- oder Oberzuschauertribünen, von denen aus etwas gesehen wird, wenn unten im Stadion nichts geschieht, und wenn sich der Zuschauer nicht fragt, ob er etwas sieht oder nur etwas zu sehen vermeint.

Das zweite Mißverständnis betrifft die Tücken unserer Sprache. Das Kunststück, von Verben (für unsere eigenen Handlungen, für die Handlungen anderer, für Naturgeschehnisse) oder von Adjektiven (für Eigenschaften von Handlungen, Naturereignissen, natürlichen und künstlichen Dingen) auf Substantiva überzugehen, verführt zu der Annahme, damit seien neue Gegenstände in die Welt gekommen. Da Sprache auf diesem Weg von den Handlungen (bzw. der Natur) zur Sprache selbst zum Gegenstand der Beschreibung wird, entstehen immer weitere Schichten des Sprechens über das Sprechen. Das Risiko, das diese Verselbständigung der Sprache gegenüber Praxis und Natur mit sich bringt, ist die Entstehung von und die Hinwendung zu Scheinproblemen. Hier bleibt als Heilmittel nur ein rekonstruierender Rückgang auf die Quellen, d. h. auf unser eigenes Handeln, sprachlich gesehen auf die Verben und Adjektive.

Das dritte Mißverständnis liegt, kurz gesagt, in der Autoritätsgläubigkeit. Wo die Nachfrage nach den Bedeutungen in der Alltagssprache und nach der Leistungsfähigkeit des unbedacht Gelernten und Geübten aus diesem selbst heraus nicht beantwortet werden kann, greift man auf Autoritäten und Kompetenzen zurück. Da sollen dann Philosophen und Wissenschaftler weiterhelfen, und dies meistens in Form von Büchern, Aufsätzen und Lexikonartikeln. Das Risiko hierbei liegt nicht nur darin, sich in einem riesigen Sumpfgebiet von Quellen zu verirren; es liegt vor allem darin, mit dem Erwerb und Gebrauch einer Bildungssprache zu verkennen, daß es immer der nach Quellen suchende Wanderer bleibt, der letztlich selbst entscheiden muß, ob er eine ihm bekömmliche Quelle gefunden hat. Oder weniger metaphorisch: Wer Antworten auf die Frage „Was ist Erkenntnis?" nur übernimmt, weil sie von Autoritäten stammen, wird dabei so wenig eine eigene Erkenntnis haben wie der, der Vokabeln einer Fremdsprache auswendig lernt.

Die Abwehr dieser drei Mißverständnisse soll, wie bereits angedeutet, die Leserin und den Leser in einen Dialog hineinziehen, den sie, angestoßen durch dieses Buch, letztlich mit sich selber führen müssen. Hier hat das Wort „Erkennen" dieselben Lasten zu übernehmen wie die traditionellen Wörter „Denken", „Aufklärung", „vernünftige Selbständigkeit" und viele andere mehr: Wenn ein vernünftiges Selberdenken gerade darin besteht, sich nicht blindlings auf eine Autorität zu verlassen und das nachzudenken, was diese vorgedacht hat, ist ein Lehren und Lernen von Selberdenken ein schwieriges Unterfangen. Der Lehrling wird nicht umhin können, auch bei bester Anweisung ein „learning by doing", ein Lernen durch eigenes Versuchen und Einüben im Selbermachen zu durchlaufen. Es ist mit dem Erkennen und dem Selberdenken wie mit dem Turnen: Es soll nicht behauptet werden, man könne nichts lernen, wenn das Turnen anderer aufmerksam beobachtet wird. Vielleicht kann man auf diesem Weg sogar Punktrichter werden. Jedenfalls reicht es zum Sportjournalisten. Aber Turnen selbst wird man nur durch Turnen lernen können – was ja vielleicht die Anweisungen des Turnlehrers (einschließlich gelegentlichen Vormachens) nicht überflüssig macht, und dies vielleicht sogar in der Form eines kleinen Buches.

Programmatisch ist damit gesagt, was dieses Buch möchte: Der Leser oder die Leserin sollen dazu gebracht werden, *selbst* etwas zu erkennen. Das wird nur im Vollzug möglich sein. Und Gegenstände dieses Erkennens sollen gerade solche sein, die das Erkennen selbst betreffen. Die Meinung, die sich am Ende einer Lektüre dieses Bändchens gebildet hat, soll die eigene, d.h. in eigener Verantwortung argumentativ vertretbare Meinung sein.

Wie ist ein solches Programm realisierbar? Unstrittig ist sicher, daß kein Mensch, der sich einem solchen Unternehmen widmet, bedingungslos und voraussetzungsfrei beginnt. (Mit der Alltags- und der Bildungssprache sind ja zwei wichtige und riskante Anfangsbelastungen bereits genannt.) Es wird also kein Weg daran vorbeiführen, sich kritisch den beiden wichtigsten Traditionen zuzuwenden, aus denen Vorschläge zum Erkenntnisproblem stammen, nämlich der Philosophie und den Wissenschaften. (Über diese neuzeitliche Trennung wird dabei selbst noch etwas zu sagen sein, nachdem in der griechischen Antike „Philosophie" die Sammelbezeichnung für alle Erkenntnisbemühungen einschließlich der Wissenschaften war.)

Deshalb wird das zweite Kapitel dieses Buches das philosophische Erbe diskutieren, das für unsere abendländische Tradition von der Antike über das christliche Mittelalter zu den neuzeitlichen Wissenschaften (in philosophischer Perspektive) und zur Philosophie der Gegenwart reicht. Die zweite, die wissenschaftliche Tradition, genauer, der Zugriff der Naturwissenschaften auf das Erkenntnisproblem wird in Kapitel III behandelt. Orientiert man sich an Gewicht oder Mehrheitsmeinung, so laufen beide Traditionen, die der Philosophie und die der Naturwissenschaften, auf die eine Position hinaus, die oben bereits als der Hauptgrund genannt worden war, dieses Buch zu schreiben: die Naturalisierung der Erkenntnis. Das heißt, das Erkennen, die Erkenntnisfähigkeit und die Erkenntnisprodukte des Menschen werden zum Gegenstand der Naturwissenschaft erklärt. Diesem Zug der neueren Naturwissenschaften assistiert eine spezielle Philosophie, die sich selbst gegenüber den Naturwissenschaften nur noch in der Rolle der Ruferin sieht, den Naturwissenschaften mit einem „Gut so!" beizuspringen (ohne daß diese auf philosophischen Applaus angewiesen wären).

Das Zusammenfließen der beiden Traditionsströme von Philosophie und Naturwissenschaft in der modernen Naturalisierung der Erkenntnis erlaubt, auch eine Kritik der Schwächen beider Traditionen zusammenzuführen. Die besondere Autorität, die diese Kritik für sich in Anspruch nehmen kann, ist die der Glaubwürdigkeit, gegenüber der Unglaubwürdigkeit der kritisierten Position: Es läßt sich nämlich zeigen, daß die tatsächlichen Lebensvollzüge im Alltag, in der Wissenschaft und in der Philosophie auch bei den begeistertsten Naturalisten nicht im Einklang mit ihren Theorien stehen; und das sowohl tatsächlich als auch vernünftigerweise. Die Zielrichtung des Arguments ist damit angedeutet: Die Naturalisierung der Erkenntnis gerät mit sich selbst in Widerspruch, ist nicht als Vollzug (d. h. als tatsächlich vertretene Meinung) mit dem Anspruch auf Anerkennung und Geltung vertretbar.

Eine sorgfältige Analyse und schlüssige Argumentation für diesen Nachweis sind selbst ebenfalls nicht unbedingt und voraussetzungsfrei. Vielmehr muß dazu von Handeln und Reden, von Zwecken und Mitteln, von Gelingen und Mißlingen in einer nachvollziehbaren Weise gesprochen werden können. Deshalb wird das vierte Kapitel die sprachlichen Mittel bereitstellen, der naturalisierten eine kulturalisierte Auffassung des Erkennens gegenüberzustellen.

Das fünfte Kapitel wird nach diesen Vorarbeiten die eigentliche Antwort auf die Frage dieses Buches geben.

II. Das philosophische Erbe

1. Das antike Erbe

Wer mit einem Blick auf die Fächereinteilung der heutigen Universität von Philosophie spricht, meint ein kleines, meistens in den Geisteswissenschaften angesiedeltes Fach. Und wer sich einer heute sehr beliebten Form anschließt, erbetene Definitionen durch simple Beschreibungen zu ersetzen, kann die Frage „Was ist Philosophie?" mit der billigen Antwort zurückgeben: was die Philosophen treiben. (Die zwangsläufig nächste Frage „Was ist ein Philosoph?" wird schon nicht mehr gestellt, weil das Einmünden in einen fruchtlosen Definitionszirkel auch dem schlichten Verstand sofort sichtbar wird.) Bleibt die Frage, was (akademische) Philosophen treiben. Und eine (soziologisch gültige) Antwort würde vielleicht lauten: Philosophen treiben Philosophiegeschichte (etwa zu 95% der Personen; etwa zu 95% ihrer Zeit).

Das Wort „Geschichte" ist zweideutig. Es bedeutet einerseits Geschehen und andererseits Geschichtsschreibung, also Beschreibung des Geschehens. Selbstverständlich gilt: Wo nichts geschieht, kann auch kein Geschehen beschrieben, keine Geschichte von etwas betrieben werden (d.h. wo kein Philosophieren geschieht, kann auch keine Geschichte darüber geschrieben werden). Deshalb muß z.B., wer eine Chemiegeschichte schreibt, eine Entscheidung fällen, was er mit dem Wort „Chemie" meint. (Die Chemiker sind sich darüber selbst uneins, weil sie mit dem Wort „Chemie" sowohl den Bereich der Stoffe und ihrer Veränderungen als auch die Wissenschaft davon bezeichnen.) Die kleine Berufsgruppe der Chemiehistoriker spricht, sozusagen selbstverständlich, nicht vom „chemischen" Geschehen, das z.B. bei der Entstehung der Stoffe im Universum oder bei der Entstehung der Erde in unserem Sonnensystem abgelaufen ist, sondern über Geschehen im Sinne menschlicher Tätigkeiten, von den frühen Formen der Metallscheidekunst, der Herstellung und Konservierung von Nahrungs- und Heilmitteln, vom Färben und Gerben usw., oder von den ersten Vermutungen, Meinungen, Lehren der Naturphilosophen oder der Alchimisten oder der Ahnherren einer neuzeitlichen chemischen Wissenschaft. Aber selbstverständlich weiß jeder Chemiehistoriker, daß er selbst eine Geisteswissenschaft betreibt, die ein handwerkliches, technisches oder naturwissenschaftliches Handeln zum Gegenstand hat. Kurz, Chemiegeschichte ist eine Geisteswissenschaft von einer Naturwissenschaft, nicht aber selbst eine Naturwissenschaft (obwohl kein Chemiehistoriker ohne naturwissenschaftliche Kenntnisse der Chemie wird auskommen können).

Philosophiegeschichte könnte nun analog zu Chemiegeschichte als Wissenschaft von einem Geschehen verstanden werden, das in den menschlichen Handlungen des Philosophierens besteht. Und analog ist das Schreiben einer Philosophiegeschichte nicht selbst Philosophieren, obgleich – auch hier trägt die Analogie – Kenntnisse und Vermögen des Philosophierens für den Philosophiehistoriker unerläßlich sind. Falsch wäre es aber, Philosophieren und Philosophiegeschichte schreiben einfach gleichzusetzen – offensichtlich ein beliebter und kein ganz neuer Fehler, denn schon Immanuel Kant klagte: „Es gibt Gelehrte, denen die Geschichte der Philosophie (der alten sowohl als neuen) selbst ihre Philosophie ist" (Prolegomena, 1783).

Das philosophische Erbe zum Gegenstand einer Geschichte, genauer, das Philosophieren früherer Menschen zum Gegenstand einer Geschichtsschreibung zu machen, hat seine Tücken. Es verlangt vom Geschichtsschreiber (wie bei der Chemie) die Entscheidung darüber, was zur Philosophie zählt. Diese Entscheidung betrifft Gegenstände, die uns nur in Form von Texten vorliegen, die uns heute außerdem meistens nur als Reste eines abenteuerlichen Überlieferungsgeschehens zugänglich sind. Und als solche müssen sie auch noch verstanden werden, ja, müßten sie genau gesehen schon verstanden sein, bevor man an ihnen die philosophischen von den nicht-philosophischen unterscheidet. Und bei allen Texten verstorbener Menschen bleibt prinzipiell das Problem, daß Rückfragen unmöglich sind; bei zeitlich fernen Autoren sogar, daß uns mit ihnen auch ihre Lebensformen, ihr Schicksal, ja eigentlich alles unbekannt ist, was man bei einem lebenden Menschen gerne wüßte.

In einem Buch des Titels „Was ist Erkenntnis?" das Kapitel „Das philosophische Erbe" mit diesen skeptischen Bemerkungen einzuleiten, hat selbst einen triftigen Grund: Es türmen sich Probleme über Probleme für jeden, der einen Erkenntniszugang zu diesem Erbe sucht. Die Auswahl der Texte und Autoren, das Erkennen der Entstehungs- wie der Überlieferungsgeschichte, und schließlich das Verstehen der Texte selbst müssen bewältigt werden. Die Bewältigungsbemühungen solcher Problemberge haben, wie das obige Kant-Zitat belegt, selbst schon eine jahrhundertealte Geschichte. Für diese wird niemand unterstellen, daß Fleiß und Gelehrsamkeit nichts zustande gebracht hätten. Aber die in der Einleitung begründete Warnung vor den Autoritäten, die sich in Bildungssprache äußern, bleibt bestehen. Denn groß ist die Verführung, angesichts der gewaltigen Problemberge der Philosophiegeschichtsschreibung zum Mittel der Vereinfachung zu greifen. Wie Naturwissenschaftler das Naturgeschehen vom „Urknall" bis zum heutigen Zustand der belebten Erdoberfläche beschreiben, als wären sie persönlich als Beobachter dabeigewesen (ohne den hypothetischen Charakter der Rekonstruktion von Vergangenem aus Gegenwärtigem zu betonen), haben Philosophen Künste entwickelt, philosophiehistorische Vermutungen als Erkenntnisse auszugeben. Daß ein Autor überhaupt im selben Sinne etwas gemeint hat wie sein Interpret und daß ein Text – vollständige und unverfälschte Überlieferung vorausgesetzt – überhaupt im Sinne des Interpreten etwas Sinnvolles behauptet und bedeutet, muß zumindest als tragfähige Hypothese unterstellt werden, weil es sich dabei aus einfachen Gründen nicht um eine Erkenntnis handeln kann. Erst recht darf sich von all diesen Unsicherheiten nicht beirren lassen, wer den Anfang menschlicher Erkenntnisbemühungen (in der heutigen Zeit einer Multi-Kulti-Globalisierung gern als Bescheidenheit ausgegeben) auf die abendländische Tradition beschränkt.

Also nehme man das beste (das beste nach dem Ratschlag welcher Autorität?) historische Wörterbuch der Philosophie zur Hand, das erreichbar ist, und findet dort mit verbürgter fachlicher Exzellenz die Anfänge menschlicher Erkenntnisbemühungen in der vorsokratischen Philosophie, bei Anaximander, Heraklit, Parmenides, Empedokles, Demokrit, Anaxagoras usw. Nach heutiger Auffassung waren diese Denker, die ja nicht wissen konnten, daß sie Vorsokratiker waren, und die uns in Textfragmenten (und Textfragmenten über solche Textfragmente) erhalten sind, in ihren

Erkenntnisbemühungen noch nicht so eingeschränkt, wie wir heute eingeschränkt sind durch die Aufteilung von Erkenntnisbemühungen in Fachwissenschaften mit ihren Methoden, Traditionen und Leistungen, oder wie wir eingeschränkt sind durch zahllose Vorgaben eines erst einmal zu erwerbenden Wissensstandes, oder eines erst einmal zu lernenden Regelwerks von Kriterien für Erwerb, Ausweis und Darstellung von Erkenntnis. Das ist der Reiz der frühen Philosophiegeschichte, daß ihre Akteure von all diesen Einschränkungen frei erscheinen.

Glaubt man den Experten, so bildete sich in den „Anfängen" der griechischen Philosophie (die nur die Anfänge für den heutigen Geschichtsschreiber sind) eine Unterscheidung von Erkenntnis und Nichterkenntnis aus, und für die Nichterkenntnis noch einmal die Unterscheidung von bloß zufällig wahrer Erkenntnis, das heißt, einer Erkenntnis ohne Begründung, und dem handfesten Irrtum. Vielleicht darf man sich diese Anfänge so vorstellen, wie wohl jeder heutige Mensch in seiner Biographie in die Situation gerät, den naiven Glauben an die Wahrheit von allem, was ihm gesagt wird, zu verlieren und die Möglichkeit des Zweifels zu entdecken. Nicht alles, was mit dem Anschein der Wahrheit daherkommt, ist auch wahr. Erkenntnisse auf den ersten Blick verlangen einen zweiten Blick, fordern Prüfung heraus, ob ein anderer oder man selbst sich geirrt hat, ob gar ein anderer oder man selbst absichtlich die Unwahrheit sagt, oder ob vermeintliche Erkenntnisse nur vorläufig Bestand haben, aber zusätzliche Sicherheit verlangen.

Es spricht manches dafür, daß sich in den frühen Phasen der griechischen Kultur, also etwa im 6. Jahrhundert vor Christus, Aufmerksamkeiten von Menschen entwickelt haben, die sich nicht einfach auf das unmittelbar Wahrgenommene oder auf die Göttergeschichten und Mythen vom Anfang der Welt beschränken wollten. Vielleicht waren es Fragen danach, was Augenzeugenberichte von Seefahrern glaubwürdig macht, oder vielleicht waren es Fragen nach der Deutung von Naturfunden, und sehr wahrscheinlich waren mathematische und musikalische Sachverhalte Gegenstand der Überlegung.

Historiker behaupten, daß Heraklit, dem man nicht zufällig seit der Antike den Beinamen „der Dunkle" gegeben hat, und Parmenides (dieser nun schon in einem Lehrgedicht) als erste die wahre der scheinbaren Erkenntnis gegenüberstellen und damit die Erfinder einer kritischen Reflexion, also einer „Zurückbiegung" des Erkennens auf das Erkennen seien – was seither das Erkenntnismerkmal der Philosophie ausmache (und schon ist beiläufig eine Entscheidung gefallen, welches Geschehen die Philosophiegeschichtsschreiber zur Beschreibung auswählen).

Vermutlich wird all das, was heute jeder philosophische Laie ab einem gewissen Lebensalter zur Verfügung hat, damals schon unterschieden worden sein: die unmittelbare Sinneswahrnehmung von der Erinnerung, die Sinneswahrnehmung von der Sinnestäuschung, die plausible von der unplausiblen Erzählung, das rechthaberische Reden vom Zustimmung nicht nur fordernden, sondern gewinnenden Reden.

Gemessen am heutigen Verständnis von gesicherter Erkenntnis, bloßer Meinung (auch wenn sie wahr sein sollte) und Irrtum (neben anderen Möglichkeiten des Nichtwissens) tun sich auch schon bei den antiken Autoren die zahllosen Fallen auf, die bis heute ihre Opfer finden: Der Vollzug des Erkennens wird mit der Beschreibung des Resultats Erkenntnis gleichgesetzt, das Tun und das Reden über das Tun nicht streng genug geschieden, die Eigenschaften des Erkenntnisprodukts nicht seinem Urheber, sondern anderen Instanzen zugeschrieben; Erkenntnisprodukte werden also für unabhängig vom Erkennenden erklärt; und vor allem wird in der Konkurrenz von Wahrnehmung und sprachlicher Argumentation jeweils von einer Seite der anderen das Recht bestritten, wird am Ende Erkenntnis oft als bloß subjektiv, bloß relativ oder bloß scheinbar und letztlich gar als unmöglich behauptet – wieder mit allen möglichen Widersprüchen, die sich bei selbstbezüglichem Reden über das Reden (und eventuell auch dieses schon über das Reden) einstellen. In einer dunklen Schicksalsstunde – dunkel, was unsere Kenntnisse davon betrifft – scheint in der frühen griechischen Antike entdeckt worden zu sein, daß die Menschen der Unsicherheit des Erkennens mit eigenen Bemühungen begegnen können. Sie können so zur Unterscheidung zwischen einem Wissen kommen, für das eine Begründung beigebracht werden kann, und einem Wissen, das unbegründet (oder noch unbegründet) ist, sich jedoch als Wissen von bloßem Irrtum dadurch unterscheidet, daß es wahr ist. (Diese Formulierung ist so gewählt, daß sie zeigt: Das „wahre Wissen ohne Begründung" oder scheinbare Wissen kann nur als vorläufiges, hypothetisches Wissen gemeint sein. Denn als wahres Wissen ohne Begründung müßte ja gewußt werden, daß es trotz Fehlens der Begründung wahr ist und damit ein anderes Wahrheitskriterium als das der Begründung zur Verfügung steht).

Die vorstehenden Bemerkungen sind, mangels Erläuterung der wichtigen Wörter wie Erkenntnis, Wissen, Wahrheit, Begründung bisher selbst nur Bildungssprache. Da wir aber beim (distanzierten) Beurteilen der Geschichten der Philosophiegeschichtsschreiber sind, die uns Auskünfte schuldig bleiben, wie wahre oder begründete Erkenntnisse von den Erkenntnissen und den Erkenntnistheorien der antiken Philosophen möglich sind (nur das Auswahlproblem ist jetzt entschieden: Philosophie ist, was als Reflexion auf das Erkennen stattfindet), bleibt noch weiter zu berichten:

Das Begründen oder das Unterscheiden wahrer von scheinbarer Erkenntnis wird in der frühen griechischen Antike zur Bemühung, die Vielfalt des Erkennens auf möglichst wenige Prinzipien, gar auf ein Prinzip (lateinisch für Anfang) zurückzuführen. Hier gerät der Laie leicht auf simplifizierende Darstellungen, wonach in der („älteren") antiken Naturphilosophie einmal das Wasser, einmal das Feuer und einmal die Luft als Urstoff angesehen werden, aus dem das Weltall, der Kosmos entsteht, und der zugleich als Prinzip (oder verdoppelt, als Urprinzip) bezeichnet wird. Was da anfängt, die Welt oder die Erkenntnis der Welt, und wie die Erklärung des Vielfältigen aus Einem erfolgen solle, verschwindet im Dunkel einer Sprache, von der es zwar eine exzellente Philologie gibt, deren Ergebnisse aber vor allem gelehrte Darstellungen von Unübersetzbarkeit sind. Wie wir nur umständlich umschreiben können, wieso ein Wort wie „Kosmos" zugleich Weltall, Schönheit und Ordnung bedeuten kann, und „Logos" Wort, Satz, Grund, Sprache, geometrisches Streckenverhältnis und anderes mehr, und wie die griechischen Wörter für den lateinischen Joker „Prinzip" lauten und in unsere (ohne explizite Erläuterungen ebenfalls beliebig vieldeutige) Rede von „Grund" oder „Ursache" übersetzt werden, so bleibt letztlich die gesamte griechisch antike Sprache in einem gewissen Sinne unübersetzbar.

Als ein Fazit (vor dem im Einleitungskapitel dargestellten Anspruch dieses Buches) bleibt für die Vorsokratiker – noch sind ja

Thales und Pythagoras unerwähnt, deren Namen der Laie vom Thaleskreis und vom Lehrsatz des Pythagoras aus dem Geometrieunterricht kennt – folgendes zu ziehen: Obwohl im Sinne ausdrücklicher Übersetzung alles weitgehend im Dunkel bleibt, zeigt sich im Rückspiegel der Geistesgeschichte eine Schicksalsstunde abendländischer Kultur: Die Naivität des Erkenntnisvollzugs wird Gegenstand einer Reflexion auf den Erkenntnisweg; die Unterscheidung von Erkenntnis, bloßer Meinung und Irrtum, die Entdeckung des Gegensatzes von Bejahen und Verneinen, die Unterscheidung von Wahrnehmen und Denken, die Ordnung des Mannigfaltigen, der Unterschied von Vielem und Einem, das Begründen und das Zweifeln kommen in die Welt, werden verhandelt, gelehrt, tradiert und bereiten den Boden für eine klassisch antike Philosophie, deren Bild sich dann eher auf die Feldherren als die Heere der Schlachten zusammenzieht, nämlich auf das Dreigestirn Sokrates, Platon und Aristoteles.

Sokrates, der mit seinem „Ich weiß, daß ich nichts weiß" das ironische Besserwissen und, bei fortbestehenden Zweifeln, das Wissenwollen zur Kunst erhebt, hat als Gegenpart die Sophisten. Schillernd zwischen schlitzohriger Rhetorik und aufklärerischem Elan, den Glauben an das Eine der vorangegangenen Naturphilosophie zerstörend, machen die Sophisten den Menschen zum Maß aller Dinge und unterscheiden wohl das Erkennen als Leistung der menschlichen Person vom Gegenstand des Erkennens. Wo aber die Sophisten skeptisch das Kind der Erkenntnis mit dem Bad der alten Naturphilosophie ausschütten, indem sie, modern gesagt, das Zweifeln zum Sport oder zum „entertainment" ausbilden, wird Sokrates einerseits zum Aufklärer gegen den Autoritätsglauben an Mythen und Gesetze. Mit seinem moralischen Ernstnehmen des Begründens entthront er andererseits die Skepsis der Sophisten selbst als unbegründet – und damit wird das Geschäft der Erkenntnis auf besondere Weise mühsam und trennt sich vom alltäglichen Vollzug des Erkennens ab. Der schrullige Philosoph als Berufsbild (mit seinen selbst erzeugten Problemen) ist geboren. Und die Hebamme dieser Geburt war die Frage, wie Erkenntnis durch Begründung möglich ist.

Die Philosophien der drei Philosophie-Fürsten Sokrates, Platon und Aristoteles, die in dieser Reihenfolge jeweils in einem Lehrer-Schüler-Verhältnis standen, füllen in der Bearbeitung historischphilologischer Gelehrsamkeit ganze Bibliotheken. Sokrates, der keine Schriften hinterlassen hat, Platon, von dem nur seine kunstvollen Dialogen erhalten sind und Aristoteles mit einem Werk, das unter anderem zahlreichen modernen Fachwissenschaften als der Anfang ihrer Disziplin gilt: Sie gleichsam auf einige wenige Merkverse zusammenstutzen zu wollen, wäre wohl ungerecht sowohl gegenüber den drei Philosophen als auch gegenüber dem Heer ihrer Erforscher und Interpreten. Wer über die Beiträge der drei zur „Lösung des Erkenntnisproblems" etwas wissen möchte, wird in jeder gewünschten Ausführlichkeit, wenn auch nicht in einer vielleicht gewünschten Einmütigkeit Antworten in Wörterbüchern, Lexika, Philosophiegeschichten und Einzeldarstellungen finden.

Aber was hat selbst erkannt, wer aus solchen Quellen z.B. weiß, daß schon bei Sokrates „der Logos Wahrheit hat und erkennt, ohne diese selbst zu sein", daß bei Platon im Rahmen seiner Ideenlehre „das Verhältnis von Idee und Erscheinung bestimmt" werde, das sich im Verhältnis von Wissen und Meinung wiederhole (wo Wissen noch einmal in Verstehen (*noesis*) und Begreifen (*dianoia*) eingeteilt wird, vielleicht am ehesten zu übersetzen in den Unterschied eines zwingenden logischen Begründens einerseits, und eines („dialektischen") Abwägens im aufgliedernden oder zusammenfügenden Bedenken der Ideen andererseits)? Was hat erkannt, wer aus solchen Quellen weiß, daß es einen grundsätzlichen Konflikt zwischen Aristoteles und Platon durch die Abkehr des Schülers von der Ideenlehre seines Lehrers gibt, daß die Position des ersteren eher als Idealismus und die des letzteren eher als Empirismus zu sehen ist – bis hin zur Entsprechung nationaler Mentalitäten, wonach in der Tradition der deutschen Philosophie mit den Rationalisten und Aufklärern von Gottfried Wilhelm Leibniz (1646–1716) und Christian Wolff (1679–1754) bis zu Immanuel Kant (1724–1804) eher Platon, in der Tradition der englischen Philosophie aber mit Thomas Hobbes (1588–1679), John Locke (1632–1704) und David Hume (1711–1776) eher Aristoteles zur Orientierung dienten? Welche Erkenntnis hat schließlich, wer solchen Quellen das Wissen verdankt, daß Platon für Erkenntnis im Unterschied zur bloßen Meinung die Angabe von Gründen, besser die gelingende Begründung fordert, und Aristoteles für die beweisenden Wissenschaften eine Begründung als Rückführung auf erste, zweifelsfreie Gründe (Grundbegriffe, Grundsätze, Erklärungsprinzipien, „Ursachen") verlangt?

Keinesfalls soll hier behauptet werden, für eine Bestimmung von Erkenntnis sei solides philosophiehistorisches Wissen nebensächlich oder gar überflüssig. Es spricht nämlich vieles dafür, daß jüngere Erkenntnistheorien immer wieder auf die antiken zurückgreifen und sich an diesen abarbeiten. Kurz, die Antike ist wirksam. Aber Art und Weise der Wirkung nachzuvollziehen, also eine Wirkungsgeschichte zu schreiben, setzt gelungene Interpretation der angeblich im Zusammenhang stehenden Erkenntnistheorien schon voraus. Und das Gelingen von Interpretationen philosophischer Texte ist selbst ein (sehr spezielles) Erkenntnisproblem, für das oben die kritische Haltung gegenüber der Bildungssprache empfohlen wurde; ein Problem, nicht einfach in ungeklärter Bildungssprache Autoritäten nachzureden, sondern eine Interpretation (im wörtlichen Sinne von „interpretieren") als Übersetzung in eine eigene, geklärte und in diesen Klärungen selbst zu verantwortende Sprache zu leisten. Oder kurz: „Das Erkenntnisproblem" muß bereits definiert und verstanden sein, wenn dazu eine Geschichte geschrieben werden soll. Andernfalls ist der Leser der klassischen Texte in der gleichen Situation wie der, der noch nicht lesen kann und aus einem Buch mit dem Titel „Wie lerne ich lesen?" das Lesen lernen möchte.

Aus diesen philosophischen Gründen sei zum Schluß dieses Abschnitts „Das antike Erbe" noch einmal auf das oben (S. 20) angegebene Ziel dieses Buches verwiesen, erkenntniskritisch gegenüber den Ergebnissen einerseits der philosophischen Tradition, andererseits der Naturwissenschaften vorzugehen und dabei insbesondere „die Naturalisierung der Erkenntnis" zu überdenken.

Die Orientierung an diesem Ziel (und seinem Verständnis) zeichnet die Antwort als wichtig aus, die Aristoteles auf die Frage „Was ist wahr?" gegeben hat. Im vierten Buch seiner Metaphysik (1011 b 26–28) schreibt Aristoteles: „Von etwas, das ist, zu sagen, daß es nicht ist, oder von etwas, das nicht ist, (zu sagen,) daß es ist, ist falsch; während von etwas, das ist, zu sagen, daß es ist, oder von etwas, das nicht ist, (zu sagen,) daß es nicht ist, ist wahr." (Klammereinfügungen von P. J.) Was auch sonst immer an Erhellendem bei Aristoteles über Erkenntnis zu finden ist, diese Wahrheitsdefinition spielt für die anschließende Tradition eine tragende

Rolle. Denn selbstverständlich ist Erkenntnis als wahre Erkenntnis im Unterschied zur bloß vermeintlichen gemeint, was, wie bereits erwähnt, für die antike griechische Tradition insgesamt gilt.

Diese Definition kann wohl jeder Laie verstehen, und er wird ihr auch zustimmen können, auch wenn sie sonderbar umständlich wirkt. Diese scheinbare Umständlichkeit hat aber – Aristoteles ist eben auch der Begründer der Logik – seinen guten Grund: angenommen, etwas könne in der klaren Alternative von Bejahung und Verneinung, von Affirmation und Negation, nur bestehen oder nicht, so kann beides jeweils als zutreffend und unzutreffend behauptet werden – was vier Fälle ergibt.

Aber selbst der Laie kann an dieser Definition, die durchaus auch moderne Anforderungen an das Definieren erfüllt, sofort bemerken: Sie nützt ihm nichts, wenn er sie anwenden möchte, um für eine bestimmte Frage oder Behauptung zu entscheiden, was wahr ist. Denn man muß ja immer schon wissen, was (der Fall) ist, und was nicht (der Fall) ist. Modern gesprochen ist damit Aristoteles der Erfinder des Unterschiedes zwischen einer Wahrheitsdefinition (in der der Gebrauch der Wörter wahr und falsch festgelegt wird), und den Wahrheitskriterien (d. h. den Maßstäben, an denen man im Einzelfall über wahr und falsch einer Behauptung entscheidet). Und auch der heutige Laie weiß (was übrigens bereits bei Sokrates, Platon und Aristoteles Gegenstand der Erörterung gewesen ist), daß wahre Behauptungen aus verschiedenen Gründen oder in verschiedener Weise wahr sein können, und entsprechend falsche falsch. Daß der Satz: „Karl der Große ist im Jahr 800 in Rom zum Kaiser gekrönt worden" mit anderen Argumenten als wahr zu begründen ist als der Satz über die Winkelsumme im Dreieck, und daß die Erklärung einer Gerätefunktion anders begründet wird als die Erklärung des Erfolges einer Person, ist jedem Sprecher vertraut.

Mit dem oben erläuterten Vorbehalt, daß nicht alles wahre Wissen unter dem Titel „Erkenntnis" verhandelt wird, sondern mit dem Erkennen zusätzliche Einschränkungen gemeint sind, ist dennoch die aristotelische Wahrheitsdefinition ein Angelpunkt für die Geschichte des Erkenntnisproblems. Denn wenn im weiteren Gang dieses Kapitels (wohlgemerkt aber nicht so für das darauffolgende Kapitel III!) einfach durchgängig unterstellt wird, daß alle Erkenntnisse wahr sind (wenn auch nicht alle Wahrheiten Erkenntnisse sind), so sind sie durch Übereinstimmung mit dem, was ist bzw. was nicht ist, durch die aristotelische Definition verknüpft. Um diesen Angelpunkt nämlich dreht sich ein gewaltiges Tor, schlägt gleichsam den Zugang zur Aufklärung durch Sokrates, Platon und Aristoteles wieder zu und verweist zur Antwort auf die Frage, was ist, auf den christlich-religiösen Glauben an die Schöpfung.

2. Das christlich-mittelalterliche Erbe

Die Anfänge des Christentums im römischen Weltreich lagen in praktischer Betätigung, in der Ausbildung von Lebens- und Gemeinschaftsformen, in Missionierung, Kampf (vom Überleben zum Durchsetzen). Damit war es, was seine Inhalte betrifft, eine vor allem mündlich weitergegebene Lehre. Mit den Kirchenvätern jedoch setzt eine Diskussion ein, die in Auseinandersetzung mit der klassischen Philosophie reflektierend diese Lehre kanonisiert und in die Ausbildung einer Institution Kirche sowie einer Theologie als Wissenschaft, von den Schriften wie vom religiösen Leben, überführt. Die christlichen Dogmen entstehen. Dabei sind das Alte und das Neue Testament dem christlichen Glauben nach die durch Offenbarung ausgezeichneten Texte – Texte sozusagen, an denen sich das Wahrheitsproblem nicht stellt, da sie kraft göttlicher Fügung und Offenbarung als wahr geglaubt werden.

Entsprechend einer nicht mehr in Frage gestellten Wahrheit der kanonischen Texte steht auch das, was im Sinne der aristotelischen Definition „ist" bzw. „nicht ist", bereits fest: Der göttliche Schöpfer „ist", und seine Schöpfung „ist". Die handwerkliche Metaphorik des Schöpfungsberichtes läßt keinen Zweifel: Der Schöpfer hat seiner Schöpfung (einschließlich des Geschöpfes Mensch) nach weisem Ratschluß mitgegeben, was ihr an Eigenschaften anhaftet.

Dies ist, sehr grob gesprochen, der Hintergrund, vor dem der Kirchenvater Augustinus (354 bis 430) seine Schriften verfaßt. Augustinus, der die Philosophie Platons so umdeutet, daß sie ihm zum philosophischen Beweis christlicher Glaubenssätze wird, bestimmt Gotteserkenntnis und Gottesliebe zu den Hauptaufgaben des Menschen. Dabei erteilt er im Anschluß an den Schöpfungsbericht, von der historischen Wirkung her gesehen, gleichsam den Auftrag, Gottes Herrlichkeit an der Herrlichkeit der Schöpfung zu suchen – sozusagen Naturwissenschaft (Kosmologie) als Gottesdienst zu betreiben.

Festzuhalten bleibt, daß „das Erkenntnisproblem" damit eine dramatische Wende erfahren hat. Die Wahrheit des christlichen Kanons steht außer Frage, und die Existenz einer vom Menschen unabhängigen Schöpfung in all ihren gottgegebenen Eigenschaften ebenfalls. Damit sind Erkenntnisgegenstand und Erkenntnisziel festgelegt. Die griechisch-antike Aufklärung, die nicht zuletzt eine kritische Auseinandersetzung mit kosmologischen und kosmogonischen Mythen war, ist verlorengegangen, und zugleich ist mit Augustinus die Bildung christlicher Dogmen durch Auseinandersetzung mit der antiken Philosophie zu einem mehr als tausend Jahre prägenden Abschluß gekommen.

Rund 900 Jahre später setzt sich der Scholastiker Thomas von Aquin (1225 bis 1274), dem christlichen Glauben so verbunden wie Augustinus, als gelehrter Übersetzer und Kommentator der Schriften des Aristoteles mit dieser Hochform antiker Philosophie auseinander. Er unterscheidet sorgfältig zwischen Übersetzung und Kommentar, ist aber wohl verantwortlich für das Gewicht, das die Philosophie des Aristoteles im nunmehr christlichen Abendland gewinnt – so sehr, daß die katholische Kirche im 17. Jahrhundert einen Galileo Galilei mit Bann belegt, weil er die Lehren des Aristoteles für falsch erklärt.

Thomas interpretiert und kommentiert die Erkenntnis- und Wahrheitslehre von Aristoteles und formuliert die Auffassung, die bis heute nicht nur den Namen abgibt für die sogenannte „Korrespondenztheorie der Wahrheit". Sowohl „correspondentia" als auch „adaequatio" von Wahrheit und Wirklichkeit werden dabei genannt, die, modern gesprochen, die Kluft zwischen Wahrheitsdefinition und Wahrheitskriterien bei Aristoteles überbrücken sollen. Da dem christlichen Schöpfungsglauben kein Problem sein kann, daß überhaupt etwas ist und daß es vom Menschen unabhängig so ist, wie es ist, geht es nur noch darum, ob das menschliche Erkennen dieser Schöpfung angemessen ist oder ihr entspricht.

Auch hierin ein guter Aristoteliker, sieht Thomas in der Sinneswahrnehmung die Quelle der Erkenntnis und weist ihr die Fähigkeit der Objektivität zu. Der Begriff der Objektivität leitet sich vom Objekt der Erkenntnis her, das nach Thomas ein (göttlich) gesetzmäßig geordnetes Reich des Wirklichen ist. Ausdrücklich – man wird hieran zurückdenken müssen, wo es um die Auffassung der neuzeitlichen Naturwissenschaften geht – wird als bloß subjektiv, ja, als die Aufhebung des Unterschiedes zwischen wahr und falsch genannt, was als Erkenntnis nicht den Bezug auf und die Angemessenheit an die Schöpfungswirklichkeit hat.

Langsam, in einer viele Jahrhunderte dauernden Diskussion, schiebt sich für die Schöpfungswirklichkeit ein Begriff in den Vordergrund, der schon für Platon und Aristoteles wichtig (und dennoch verschieden bestimmt) war (und der für Platoniker Augustinus und den Aristoteliker Thomas verschieden bestimmt blieb): der Begriff der „Natur". Steht, von den Sophisten her kommend, bei Platon der Begriff der Natur dem Begriff des Gesetzes (*nomos*) gegenüber (was, modern gesprochen, zur moralischen Forderung führt, die menschliche Natur mit dem Gesetz vernünftig in Einklang zu bringen), so steht für den aristotelischen Naturbegriff der Gegensatz ·von Natur und Technik im Vordergrund: *Natürlich* ist, was den Grund der Veränderung in sich selbst trägt, soll heißen, nicht durch menschlichen Eingriff, durch seine Kunstfertigkeit (*techne*) verändert wird. Bei Thomas werden dann der christlich interpretierte Platonismus des Augustinus und sein eigener christlicher Aristotelismus versöhnt: Im scholastischen Gegensatz einer *natura naturans* (das heißt einer schaffenden Natur) und einer *natura naturata* (einer geschaffenen Natur) wird das Verhältnis des schaffenden Gottes zu seiner Schöpfung aufgenommen.

Die vorsichtige Ausdrucksweise der obigen Formulierung, der Naturbegriff dränge sich gegenüber dem der Schöpfung allmählich in den Vordergrund, hat bis heute seine Berechtigung. Nicht nur ist es z. B. der Frömmigkeit eines Isaac Newton kein Problem, den Gegenstand seiner Mechanik in göttlicher Schöpfung zu sehen und zugleich einen naturwissenschaftlichen Materialismus zu entwickeln, der Ursachen und Wirkungen nur im Bereich von meßbaren Kräften auf materielle Körper zuläßt; bis in die Gegenwart finden sich Naturwissenschaftler (in Disziplinen von der Elementarteilchenphysik und der Chemie bis zur Naturwissenschaft vom Menschen wie Physiologie oder Hirnforschung), die einerseits eine kausale Geschlossenheit eines Systems der Wechselwirkungen materieller Dinge vertreten und andererseits weltanschaulich auf dem Boden christlich religiöser Überzeugungen stehen. Erst wo ausdrücklich eine materialistische Abwendung von jeder religiösen Auffassung zugunsten einer rein menschbezogenen Auffassung von Natur etabliert wird – historisch z.B. von dramatischer Wichtigkeit in den Thesen von Ludwig Feuerbach –, ist die Gleichzeitigkeit oder Parallelität eines religiösen und eines naturwissenschaftlichen Zugangs zur Natur abgelegt.

In diesem Sinne braucht man nicht zu spekulieren, welche (nun ins Private verlegten) religiösen Überzeugungen bei den großen Empiristen der Naturwissenschaften im 19. Jahrhundert vorlagen. Auffallend ist nämlich, daß einige von ihnen geradezu nahtlos an die Auffassung des Thomas von Aquin von der Erkenntnis der Welt oder der Natur anschließen. So heißt es z.B. in der Einleitung des Buches „Die Prinzipien der Mechanik" (Leipzig 1894) von Heinrich Hertz:

„Es ist die nächste und in gewissem Sinne wichtigste Aufgabe unserer bewußten Naturerkenntnis, daß sie uns befähige, zukünftige Erfahrungen vorauszusehen, um nach dieser Voraussicht unser gegenwärtiges Handeln einrichten zu können. Als Grundlage für die Lösung jener Aufgabe der Erkenntnis benutzen wir unter allen Umständen vorangegangene Erfahrungen, gewonnen durch zufällige Beobachtungen oder durch absichtlichen Versuch. Das Verfahren aber, dessen wir uns zur Ableitung des Zukünftigen aus dem Vergangenen und damit zur Erlangung der erstrebten Voraussicht stets bedienen, ist dieses: Wir machen uns innere Scheinbilder oder Symbole der äußeren Gegenstände, und zwar machen wir sie von solcher Art, daß die denknotwendigen Folgen der Bilder stets wieder die Bilder seien von den naturnotwendigen Folgen der abgebildeten Gegenstände. Damit diese Forderung überhaupt erfüllbar sei, müssen gewisse Übereinstimmungen vorhanden sein zwischen der Natur und unserem Geiste."

In den letzten Sätzen dieses erkenntnistheoretischen Programms eines renommierten Physikers wird die Korrespondenztheorie der Wahrheit („Übereinstimmung zwischen Natur und unserem Geist") mit einer Formulierung beschworen, die eine direkte Übersetzung entsprechender Textpassagen bei Thomas von Aquin sein könnte. Die höchst erfolgreiche Naturwissenschaft, die mit ihrem Erkenntnisprogramm im nächsten Abschnitt zu besprechen sein wird, tritt also auf als Säkularisierung der christlich-religiös geprägten, mittelalterlichen und letztlich auf die aristotelische Wahrheitsdefinition zurückführenden Korrespondenz von Wahrheit und Wirklichkeit. Und wo Thomas von „intellectus" und den Vermögen der Seele spricht, ist bei Hertz von inneren Scheinbildern und von unserem Geist die Rede – nur eine kleine Verschiebung.

Die Auswahl des Zitats von Heinrich Hertz geschah nicht nur rückblickend wegen der verblüffenden Ähnlichkeit zur Korrespondenztheorie von Thomas, sondern auch im Blick auf die Auffassungen von Wahrheit und Erkenntnis in der Philosophie des 20. Jahrhunderts: Ludwig Wittgenstein (1889–1951) nimmt in seinem „Tractatus logico-philosophicus" Bezug auf Hertz, genauer auf die Abbildtheorie der Wahrheit durch die Naturwissenschaft. Grob gesprochen treten damit an die Stelle der inneren, geistigen oder seelischen Zustände und Vorgänge (Scheinbilder, Abbilder) die sprachlichen Sätze der naturwissenschaftlichen Theorie. Der Bogen ist damit geschlagen von der aristotelischen Wahrheitsdefinition zur Geltung naturwissenschaftlicher Erkenntnisse in Form von (sprachlichen) Theorien; die aristotelische Definition wird ergänzt um Kriterien, „was ist" bzw. „was nicht ist" durch die Erfahrung festzustellen, wie sie in den Methoden des Beobachtens, Messens und Experimentierens (vgl. Hertz) geübt wird. Geistesgeschichtlich führt dieser Weg über die christlich-mittelalterliche Schöpfungsgläubigkeit und über ihre allmähliche Säkularisierung in Form des Redens von der Natur und ihren Gesetzen.

Vollendet ist diese Säkularisierung in einem Empirismus, der den Glauben an die Existenz und Beschaffenheit einer Realität in den Bereich des Persönlich-Religiösen verlegt (und deshalb nicht mehr explizit zur Debatte stellt) und statt dessen den Erfolg der Korrespondenztheorie der Wahrheit selbst noch einmal der Erfahrung zuschiebt: Heinrich Hertz fährt nämlich in der oben zitierten Einleitung mit dem Satz fort: „Die Erfahrung lehrt uns, daß die Forderung erfüllbar ist und daß also solche Übereinstimmungen in der Tat bestehen." Mit anderen Worten, damit die Forderung nach Übereinstimmung von Theorie und Wirklichkeit erfüllbar ist, muß es schon „gewisse Übereinstimmungen ... zwischen der Natur und unserem Geiste" geben – und diese Voraussetzung sei selbst durch nichts anderes als „die Erfahrung" verbürgt. Wo also in der aristotelisch-scholastischen Erkenntnislehre die Erfahrung nur einmal bemüht wird (nämlich bei der Abbildung der Wirklichkeit in unserem Geist), Existenz und Beschaffenheit der Wirklichkeit aber dem religiösen Glauben überlassen wird, ist im naturwissenschaftlichen Empirismus des 19. Jahrhunderts die Erfahrung gleich doppelt zuständig: einmal für die Abbildung der Natur in Theorie und einmal für die Bewährtheit des Abbildungsverfahrens selbst. Der Empirismus ist radikal, weil er sich selbst noch einmal für empirisch bestätigt hält.

Es wird unten (S. 76) gezeigt, daß diese doppelte Inanspruchnahme der Erfahrung ein handfester erkenntnistheoretischer Fehler ist – und dennoch die Diskussion des Erkenntnisproblems in den Naturwissenschaften für wenigstens hundert Jahre (von Hertz an gerechnet) festlegt.

3. Die neuzeitlichen Wissenschaften

Nach Antike und Mittelalter beginnt die Neuzeit in den Wissenschaften (in der Einteilung der Wissenschaftshistoriker) mit der Überwindung der aristotelisch-scholastischen Naturphilosophie. Die kopernikanische Wende, d.h. die Ablösung des geozentrischen Weltbilds des Ptolemäus (ca. 100–160) durch das heliozentrische Weltbild des Kopernikus (1473–1543) wird als das eine große Ereignis hervorgehoben, das die Neuzeit einleitet. Das andere ist die Entwicklung einer Experimentalwissenschaft Physik durch Galilei (1564–1642), der den alten Schulstreit über die Fallbewegung, im Mittelalter als Auslegungsstreit der kanonischen Schriften in den Bibliotheken geführt, nun mit handwerklichen Mitteln in der Werkstatt entscheidet. Galilei gründet seine Theorie des freien Falls auf Experimente an der schiefen Ebene mit Messungen von Wegstrecken und Zeitdauern.

Der große Durchbruch schließlich, der zugleich als die erste Blüte neuzeitlicher Naturwissenschaft angesehen wird (und zur Einengung des Blicks auf die Physik, ja sogar auf die Mechanik führt), ist die Leistung Isaac Newtons (1687), die Fallgesetze aus der Werkstatt Galileis am Himmel anzuwenden; Johannes Kepler hatte (1609) die Bewegung der Planeten um die Sonne auf Ellipsenbahnen (sowie die Verhältnisse von Ellipsenachsen und Umlaufzeiten im Vergleich der Planeten) erkannt, und Newton konnte diese Bewegungen, wie man heute sagt, mit einem Gravitationsgesetz „kausal" erklären. Die prinzipielle Verschiedenheit irdischer und himmlischer Bewegungen, wie sie von Aristoteles behauptet und vom Mittelalter theologisch interpretiert wurde, war überwunden.

Damit hatte – es sei an das Einleitungskapitel mit der Unterscheidung von Praxis und Zuschauen erinnert – die Praxis der physikalischen Naturerkenntnis die philosophisch-theologische Theorie hinter sich gelassen. Was in den Schulen und Akademien, dem Vatikan und den weltlichen Palästen diskutiert wurde, war den Erfolgen der Technik – der astronomischen Beobachtungstechnik einschließlich der Erfindung des Fernrohrs genauso wie der Technik des Baus und der Verwendung von Kanonen – unterlegen. Genau gehende Räderuhren wurden erfunden und verwendet, Längen und Winkel exakt gemessen, Waagen und Thermometer eingeführt, das Vakuum wurde vom philosophischen Spekulationsbegriff durch die Entwicklung von Luftpumpen zum Beobachtungsgegenstand gemacht usw. „Erkenntnis" änderte sich dadurch nicht nur in Inhalt und Form, sie konnte sich vor allem auf neue Verfahren des technischen Herstellens, des Beobachtens, Messens und Experimentierens berufen. Es war insbesondere die aufklärerische Wirkung dieser neuen Verfahren, die die Welt veränderte. War es vorher ein Privileg der Schriftgelehrten, die lateinischen und griechischen Texte zu lesen und zu diskutieren, so gab sich die neue Erkenntnisform der neuzeitlichen Naturwissenschaften im wahrsten Sinne des Wortes populär. Das Volk, d.h. jeder Ungebildete konnte Zuschauer beim Experiment sein, konnte das Fernrohr an sein Auge setzen und z.B. beim Blick auf den Vollmond überlegen, ob die Zeichnung des Mondes durch das Sonnenlicht auf Gebirgen und Kratern hervorgerufen sei. Die Philosophie war, nachdem sie eine Magd der Theologie geworden war, gegenüber diesen Naturwissenschaften heillos ins Hintertreffen geraten. Sie hatte die neuen Entwicklungen erst in einem mühsamen Prozeß zur Kenntnis zu nehmen und zu reflektieren.

Bevor wir uns philosophischen Autoren zuwenden, die in der „neuen Physik" des 17. Jahrhunderts die alles bestimmende Herausforderung der Erkenntnistheorie sahen, haben wir zuerst einen kritischen Blick auf die wissenschaftshistorischen Ereignisse selbst zu werfen. Denn auch diese haben wir nicht selbst erlebt; sie sind uns von Historikern der Physik überliefert, dargestellt und interpretiert worden und zeigen deshalb philosophische Handschriften oder Färbungen, denen nicht autoritätsgläubig und bildungssprachlich einfach zu folgen ist.

Schon die Rede von der „Kopernikanischen Wende" als einem Übergang vom geozentrischen zum heliozentrischen Weltbild ist mit Vorsicht zu nehmen. Nicht nur, daß bereits Aristarch von Samos (ca. 310–230 v. Chr.) ein heliozentrisches Planetenmodell entwickelt hatte, nicht nur, daß das ptolemäische Modell mit den damals verfügbaren Beobachtungsdaten besser übereinstimmte als das jüngere kopernikanische, es blieb das kopernikanische Modell dem antiken theologischen Dogma der Kreisbewegung der Himmelskörper verhaftet. Im Rahmen der aristotelischen Kosmologie waren nur die irdischen (und endlichen!) Vorgänge, sofern sie nicht vom Menschen künstlich verändert wurden, durch die Eigenschaften der vier irdischen Elemente Erde, Wasser, Luft und Feuer zu erklären, während die Bewegungen der Himmelsphänomene (Sonne, Mond, die fünf damals bekannten Planeten sowie der Fixsternhimmel), weil göttlicher Natur, einem fünften Element (mittelalterlich „Quintessenz") zugerechnet wurden. Sie galten als ewig gleich, als unveränderlich und wurden deshalb als Bewegungen auf Kreisbahnen (mit konstanter Umlaufgeschwindigkeit) angenommen. Auch Kopernikus hielt an Kreisbahnen (und ihren Überlagerungen) fest. Erst Kepler (1571–1630) durchbrach diese dogmatische Vorgabe und wies den Planeten aufgrund von Beobachtungen, die er teilweise von Tycho Brahe (1546–1601) übernommen hatte, Ellipsenbahnen mit variablen Geschwindigkeiten zu.

Vorsicht ist auch angeraten bei der Beurteilung des Fortschritts, den Galilei mit seinen Fallexperimenten erreicht hat. Zum einen trifft nicht zu, daß Galilei darin der erste war, d. h., daß in der antiken Naturwissenschaft, etwa in der Astronomie, nicht genau beobachtet und gemessen worden wäre. Ja, es trifft nicht einmal zu, wie schon die technischen Erfolge eines Archimedes zeigen können (etwa sein erfolgreicher Versuch, den Goldanteil einer Krone durch Wägung unter Wasser zu bestimmen, oder die Demonstration seines berühmten Hebelgesetzes durch Bewegung eines großen Schiffes mit einem Flaschenzug), daß etwa die Antike nicht experimentiert hätte. Es ist nur der auswählende Blick von den (im Eingang dieses Buches beschriebenen) Zuschauer- und Oberzuschauertribünen aus, der den klassischen Texten und Theorien immer mehr Aufmerksamkeit geschenkt hat als der klassischen Praxis, zumal der technischen. Die philologischen und philosophischen Mundwerker haben das Handwerk zu wenig beachtet, und zwar die heutigen Wissenschaftshistoriker nicht weniger als die antiken und mittelalterlichen Philosophen. Diese Geringschätzung des Handwerks kommt in der Dominanz der akademischen Schulen und theologischen Diskussionen des Mittelalters zu seiner vollen Wirkung. Daß es z.B. in den Klöstern auch Uhrenmönche gab, die Wasseruhren, später Räderuhren zu betreiben hatten, mit denen die in den Ordensregeln vorgeschriebenen Gebetszeiten bestimmt wurden, hat sich auf die philosophischen Diskussionen etwa des Zeit- oder Geschwindigkeitsbegriffs nicht ausgewirkt. Erst Galilei gelang es, mit seinen Beobachtungen und Experimenten in diese Welt der dogmatischen Diskussionen einzubrechen – in seinen Schriften mit Spott und Polemik und in seinem Leben mit einer Bestrafung durch die Verspotteten.

Große Vorsicht ist auch zu empfehlen, wenn nun diese aufklärerische Popularisierung des Erkennens durch die neuen Verfahren des Andemonstrierens in Messung und Experiment als der große Fortschritt gepriesen wird. (Die wichtigsten Kontrahenten Galileis in der römischen Kurie waren nicht so dumm, die politische und dogmatische Sprengkraft der galileischen Physik für die Lehrhoheit der Amtskirche zu verkennen.) Denn daß Galilei die neuzeitlichen Naturwissenschaften nicht nur auf einen neuen, technisch erfolgreichen Weg geführt, sondern auch erkenntnistheoretisches Unheil angerichtet hat, das die Physik und die Naturwissenschaften bis heute nicht überwinden konnten, wird meist übersehen.

Es ist bereits zu einem Gemeinplatz der Wissenschaftshistoriker geworden, auf das veränderte Verständnis von „Natur" zu verweisen, wo sich Galilei von Aristoteles bzw. von der Lehre der Aristoteliker abwendet. Wie oben (S. 34) berichtet, unterschied Aristoteles zwischen Natur und Technik an dem Kriterium, was durch den Menschen künstlich und damit naturwidrig erzeugt wird. Nicht nur sind Werkzeuge, Fahrzeuge und Behausungen keine Naturgegenstände. Auch der nach oben geschleuderte Stein hat eine künstliche, naturwidrige Bewegung, und erst der nach unten fallende Stein bewegt sich natürlich auf den Ort zu, der ihm dank seines hauptsächlichen Bestandteils, des Elements Erde, zukommt. Bei Galilei dagegen werden die künstlichen Bewegungen, die dem Kunstgegenstand Messingkugel auf einer im Neigungswinkel veränderlichen Fallrinne aufgezwungen werden, zu natürlichen Bewegungen. Wo also bei Aristoteles die Technik das Naturwidrige war, wird bei Galilei das Technische das Natürliche, ja das Naturgesetzliche, das der Natur Gehorchende.

Dieser Gemeinplatz der Wissenschaftshistoriker ist jedoch für die Beantwortung der Frage nach dem Weg von einer metaphysischen Naturphilosophie zu einer experimentiellen Naturerkenntnis problematisch: Er unterscheidet nicht (was, verträglich mit Aristoteles, zu empfehlen wäre) zwischen den Erkenntnissen, die nur die eigenen Handlungen des handwerklich herstellenden Experimentators und ihre Resultate betreffen, und den dadurch zu gewinnenden Erfahrungen. Das ist ein Fehler. Die Erkenntnis, die Galilei aus den Fallexperimenten gewinnt, hat nämlich, modern gesprochen, die Form eines Wenn-dann-Satzes: Wenn die schiefe Ebene einen bestimmten Winkel zur Horizontalen hat, und wenn durch technische Maßnahmen Kugel und Fallrinne möglichst geringe Reibung aufweisen (Galilei verwendete eine polierte Messingkugel und eine Fallrinne, die mit Pergament beklebt und mit Geigenlack gehärtet war), und wenn für die Messung der Längenabschnitte auf der Fallrinne und für die Messung der Fallzeiten mit einer Wasseruhr die Zuordnung von Maßzahlen geregelt ist, dann wächst die Fallgeschwindigkeit proportional zur Fallzeit (quadratisch mit dem Fallweg). Die Erkenntnisse, die im Wenn-Satz formuliert werden, betreffen das, was Galilei technisch erfolgreich herzustellen hatte, bevor er die Erkenntnis im Dann-Satz „aus Erfahrung" gewinnt. Jede Erfahrung des Natürlichen hat also in der Tradition, die mit Galilei beginnt, eine Abhängigkeit vom Gelingen des Künstlich-Technischen. Der erkenntnistheoretische Fehler, anzunehmen, an technischer Apparatur zeigten sich „Natur"-gesetze sozusagen „von selbst", also natürlich, liegt also gerade im Fehlen der (aristotelischen) Unterscheidung zwischen künstlich und natürlich, zwischen erfolgreich hergestellt und an den künstlichen Produkten entdeckt.

Mit Vorsicht sind schließlich die üblich gewordenen Darstellungen zu lesen, die wissenschaftshistorisch die Physik Newtons betreffen. Newton, der sich am Vorbild der antiken Geometrie orientiert und die „Elemente" des Euklid in die Form seiner mechanischen Theorie kopiert hatte, ist damit in eine Abhängigkeit geraten, die ihm selbst wohl nicht bewußt war: Mit der Theorieform der antiken Geometrie hatte er deren Ablösung von der handwerklichen Praxis übernommen. Da dies genauer unter der Überschrift „Der Szientismus" in Kapitel III besprochen wird, hierzu nur so viel: Für seine „Philosophiae naturalis principia mathematica" (1687) hat Newton einen Aufbau gewählt, der keinem Handwerker oder Physiker erlauben würde, der Theorie folgend Geschwindigkeiten, Massen und Kräfte zu messen oder in Experimenten die Lehrsätze dieses Buches im Labor technisch zu realisieren. Vielmehr wird mit Übernahme der antiken Theorieform ein definitorischer Beginn der klassischen Physik bei den Begriffen des absoluten Raumes und der absoluten Zeit gesetzt, deren christlich-theologische Wurzeln unübersehbar sind. Ein von jeder Materie und ihrer Bewegung losgelöster Raum und eine im selben Sinne losgelöste, absolute Zeit entsprechen gleichsam der Beobachterrolle eines allgegenwärtigen und unveränderlichen Gottes. Nur wir Menschen haben das Problem, z. B. die Gleichzeitigkeit zweier Ereignisse, die für eine direkte Beobachtung zu weit entfernt sind, mit Hilfsmitteln festzustellen. Ein allgegenwärtiger Gott jedoch kann, anthropomorph gedacht, selbst die kosmisch entferntesten Ereignisse wegen seiner Omnipräsenz „beobachten", wie der Mensch nur zwei direkt in seinem Gesichtsfeld liegende Ereignisse auf Gleichzeitigkeit beurteilen kann. Raum und Zeit, und, damit verbunden, die Beurteilung kausaler Verbindungen von Ereignissen, sind in der Newtonschen Mechanik gerade nicht im Sinne einer neuzeitlichen naturwissenschaftlichen Aufklärung verhandelt. Sie sind vielmehr in einem christlich modifizierten Rückfall auf eine antike Metaphysik der technisch-empirischen Kontrolle entzogen.

Der vorangegangene Blick auf die neuzeitlichen Naturwissenschaften, die (mit Vorläufern im 16. Jahrhundert) im 17. Jahrhundert vor allem Astronomie und Klassische Mechanik sind, sowie die kritischen Anmerkungen zu verbreiteten Thesen, worin die großen Fortschritte von Kopernikus und Kepler, von Galilei und

Newton liegen, können selbst leicht eine Erkenntnis der Geschichte des Erkenntnisproblems behindern: Diese Einteilung suggeriert nämlich, daß es auf der einen Seite die Naturwissenschaftler, die Astronomen und Physiker gibt, und auf der anderen Seite Philosophen, die in der modernen Erscheinungsform primär Bücherwissenschaftler mit historischen Interessen sind. Unverblümt gesagt, nach dieser Suggestion versteht jede der beiden Gruppen wenig vom Geschäft der anderen.

Eine solche Einschätzung wäre jedoch zu Beginn der Neuzeit für beide Gruppen, die der Naturwissenschaftler wie die der Philosophen, unzutreffend. Einerseits findet sich nämlich im Aufbruch der Naturwissenschaften kein bedeutender Autor, der sich nicht ausführlich mit den erkenntnistheoretischen Aspekten seiner Naturwissenschaft befaßt hätte; außerdem sei daran erinnert, daß Naturwissenschaft immer noch als Teil der Philosophie galt und z.B. der schon zitierte Titel von Newtons Hauptwerk, der Klassischen Mechanik, belegt: Es war ganz selbstverständlich, die Mechanik „Naturphilosophie" zu nennen und über deren mathematische Prinzipien ein Buch zu veröffentlichen. (Erst im 20. Jahrhundert sind die Naturwissenschaften im Kanon der Universitätsfächer von Philosophie und Erkenntnistheorie derart getrennt worden, daß sie statt des „Doctor philosophiae" den „Doctor rerum naturae", also Dr. rer. nat. vergeben.) Andererseits haben Philosophen wie Descartes oder Kant wichtige Beiträge zu den Naturwissenschaften selbst geleistet, ob es nun Descartes' (falsche) Stoßgesetze oder (richtige) Erklärung des Regenbogens sind, oder Kants Hypothesen zur Entstehung des Sonnensystems oder zur Abbremsung der Erdrotation durch Gezeitenreibung. Kurz, Naturwissenschaftler waren zu Beginn der Neuzeit auch Philosophen, und Philosophen waren auch Naturwissenschaftler.

Es ist allein eine Frage der Perspektiven und Aufmerksamkeiten, wenn die Entstehung der neuzeitlichen Physik im 17. Jahrhundert als dramatischer Wechsel gegenüber den Traditionen der Antike und des Mittelalters gesehen wird. Mit den schon genannten Einschränkungen bezüglich antiker Meß- und Experimentierkunst (und nicht zuletzt der Tatsache, daß es auch im Mittelalter Handwerk und Technik gegeben hat), läßt sich die dramatische Verschiebung der Erkenntnisform gleichsam in dem Stilbruch verorten, den der Einzug von Handwerk und Technik, von Ingenieurskunst und technisch-ökonomischer Lebenswelt in die Welt der Schriftgelehrten bedeutete. Dieser Einbruch hat mehrere Aspekte, die bis heute bestimmend für den Typus naturwissenschaftlicher Erkenntnis geblieben sind:

Die traditionell immer schon für das Erkenntnisproblem diskutierte Sinneserfahrung erhält einerseits Unterstützung durch die Meßkunst, die ihrerseits die Erfahrungsergebnisse zu Maßzahlen, zu Rechengrößen macht und damit die Mathematisierung, genauer die Geometrisierung der Natur einleitet. Andererseits erhält die alltägliche Erfahrung Unterstützung durch das systematisch variierte und wiederholte Experiment, das dem (seit der Antike diskutierten) Ursache-Wirkungs-Verhältnis und dem Typus der Kausalerklärungen die besondere Form verleiht: Der technisch handelnde Experimentator ist selbst Verursacher der von ihm beobachteten Wirkungen. Kurz, naturwissenschaftliche Erkenntnisse werden durch die Geometrisierung und Experimentalisierung der Natur gewonnen. Ein mechanistisches Programm entsteht, das Natur auf den Aspekt der räumlich ausgedehnten Materie reduziert, deren mathematisch beschriebene Bewegung durch Druck und Stoß (bei Descartes) sowie Trägheit und Gravitation (bei Galilei und Newton) kausal erklärt werden soll. Allgemeingeltung, die (ebenfalls bereits seit der Antike) ein Aspekt der Gesetzesartigkeit der Naturgesetze ist, wird einerseits den mathematischen Mitteln, andererseits der technischen Reproduzierbarkeit der speziell naturwissenschaftlichen Erfahrungsgewinnung geschuldet.

Damit ist bereits eine Liste von Problemen gegeben, die sich bei den Philosophen dieser Zeit finden, bei René Descartes (1596–1650) und Christian Wolff, bei Baruch de Spinoza (1632–1677) und Gottfried Wilhelm Leibniz und schließlich bei Immanuel Kant, aber auch bei den englischen Empiristen Thomas Hobbes, John Locke und David Hume. Hier wiederholt sich das Problem, das schon bei den drei Philosophie-Fürsten Sokrates, Platon und Aristoteles als unlösbar für ein kleines Buch bezeichnet, als außerhalb des Programms dieses Buches stehend und unter erkenntniskritischer Fragestellung sogar als sinnlos bezeichnet wurde: nämlich deren Philosophien sozusagen auf einige Merkverse herunterzukochen. Wer sich aus den eingetrockneten Resten einer ungespülten Kaffeetasse zum Kaffee-Experten machen möchte, wird unschwer in jeder gewünschten Länge und Detailliertheit (und mit anregenden oder frustrierenden Meinungsverschiedenheiten der Interpreten) Lexikonartikel, Überblicksdarstellungen und Monographien zu einzelnen philosophischen Autoren finden. Eine Erkenntnis bezüglich auch nur der Vorgeschichte der Naturalisierung der Erkenntnis durch die Naturwissenschaften (und einer sich ihnen anschließenden Philosophie) wird dadurch kaum zu gewinnen sein.

Deshalb sei kursorisch nur herausgegriffen, was auch als Gemeinplatz in philosophiehistorischen Darstellungen zu finden ist, um einen kritischen Blick auf die allmähliche Transformation des Erkenntnisbegriffs in einen naturwissenschaftlichen Gegenstand zu werfen.

Als großer Propagandist der neuzeitlichen Naturwissenschaften wird Descartes gerühmt. Gegen die scholastische Tradition, in der er ausgebildet wurde, entwickelt Descartes eine Kunst des systematischen Zweifelns, um in einem Meer der Unsicherheit einen sicheren Anfang, Selbstversicherung und Gewißheit zu gewinnen. Bekanntlich ist das Ergebnis, daß man an allem zweifeln könne, nur nicht daran, daß man es selbst sei, der zweifelt. Hierzu wird gerne geschrieben, daß das erkenntnisgewinnende Individuum dadurch in den Vordergrund tritt gegenüber der Autorität der Schriften, der Natur und der Institutionen wie der christlichen Kirche. Mindestens ebenso wichtig ist daran aber ein ganz moderner, handlungstheoretischer Aspekt: In der cartesischen Antwort auf die Frage nach einem unbezweifelbaren Anfang wird dem Vollzug einer Handlung der Vorzug gegenüber ihrer bloßen Beschreibung aus der Distanz gegeben. Wer die Gewißheit gewinnt, er könne nicht mehr daran zweifeln, daß er selbst der Zweifelnde ist, kann dies nicht aus irgendwelchen Prinzipien erklären, aus Erfahrungen lernen oder irgendwelchen Autoritäten anlasten, sondern muß die Suche nach Gewißheit selbst vollziehen.

Descartes, der angesehenen Autoren einer Geschichte der Erkenntnistheorie geradezu als Initialzündung für ein neuzeitlich aufgeklärtes Verständnis des Erkennens gilt, hat bei all seinen Verdiensten um Rezepte für sicheres Wissen, bei all seinen überzeugenden Vorschlägen für ein methodisches Vorgehen wohl auch die größte Belastung zu verantworten, die eine befriedigende

Antwort auf „das Erkenntnisproblem" verstellt. Er hat nämlich dem sogenannten Leib-Seele-Problem, in erkenntnistheoretischen Zusammenhängen besser Körper-Geist-Problem genannt, eine bis heute wirksame Form gegeben: Wie kann die *res extensa*, also die Welt der räumlich ausgedehnten Körper, erkannt werden, d.h. in die *res cogitans*, also die Substanz des Geistes, hineinwirken? Nach Descartes sind, grob gesprochen, Pflanzen und Tiere nur *res extensa*; und auch der menschliche Körper ist, wie der tierische, naturwissenschaftlich als Maschine zu betrachten. Wie kommt diese aber zu Erkenntnissen? (Die cartesische Fassung des Körper-Geist-Problems wird leitend einerseits für Naturwissenschaften von Erkenntnissen als Organismusleistung, andererseits für die heutige „Philosophie des Geistes". Dieses Problem ist hier nicht weiter zu verfolgen, weil es in diesem Buch in Kapitel III behandelt wird – im Gegensatz zu Philosophien, die sich zunächst einmal die revolutionär neue naturwissenschaftliche Erkenntnis zum Gegenstand nehmen.)

Hier müßte die Philosophie eines Spinoza besprochen werden, der nicht nur seine Ethik „more geometrico", also nach dem Vorbild der Geometrie Euklids verfaßte, sondern der auch als Erkenntnistheoretiker ein Geometrisierer war, nicht weniger als Descartes. (Im 20. Jahrhundert beschreibt dann der Philosoph Edmund Husserl (1859–1938) in seiner „Krisis der abendländischen Wissenschaften" anschaulich, welche dramatische Veränderung die „Geometrisierung" der Wirklichkeit für das Erkenntnisproblem bedeutet; implizit vollzieht diese heute schon jedes Kind in der Schule, wenn es Koordinatensysteme zeichnet und etwa eine Textaufgabe über die Bewegung zweier Schiffe graphisch löst. Über die Wirklichkeit wird ein Koordinaten-Netz geworfen, das – eine weitere Genieleistung Descartes' – zu einer rechnerischen Behandlung geometrisch-räumlicher Konstruktionsaufgaben führt und, um die Begriffe der Zeit und der Masse oder der Kraft erweitert, alles Geschehen in die Kausalerklärung raumzeitlicher Veränderung durch Kräfte einbeziehen will.

Wo der Philosoph Newton die mechanischen Grundkategorien des Raumes und der Zeit noch metaphysisch als „absolute" seiner Physik voranstellt, interveniert der Rationalist Leibniz mit der These, Raum und Zeit seien nur das Relationen- oder Ordnungsschema von Körpern bzw. von Ereignissen. Wo Descartes alle

Bewegungen der *res extensa* allein durch Druck und Stoß zwischen ausgedehnten Körpern erklären möchte, bildet sich bei Galilei (für die Horizontalbewegung) und bei Newton (für kräftefreie Bewegungen beliebiger Richtung) ein Begriff der Trägheit von Körpern aus, die, im krassen Gegensatz zur aristotelischen Auffassung, als Bewegungsursache (später genauer: als Bewegungsform) neben den Begriff der Schwere tritt, so daß die Wurfparabel einer Kanonenkugel als Überlagerung einer Trägheits- und einer Gravitationsbewegung aufgefaßt wird. „Hypotheses non fingo" (Ich bilde keine Hypothesen) wandte Newton im Rahmen seiner Trägheitsmechanik gegen den Versuch Descartes' ein, die Anziehungskraft der Schwere zwischen Körpern in einer Wirbeltheorie (in schnell gerührtem Wasser drängen feste Teilchen, leichter als Wasser, zur Mitte hin) auf Druck und Stoß zurückzuführen.

Diese Beispiele mögen genügend belegen, daß die neue Erkenntnispraxis der beobachtenden, messenden und experimentierenden Naturwissenschaften keineswegs philosophiefrei war, sondern sogleich auf sehr prinzipielle Fragen führte. Wie sind Bewegungen mathematisch zu beschreiben, und welche Ursachen dürfen für ihre Erklärung herangezogen werden? Woher kommt der mathematische Charakter der Naturgesetze? Hält die Natur neben Abstoßung (wie beim Stoß zweier Billardkugeln), Anziehung (wie beim freien Fall eines Körpers gegen die Erde) und Trägheit (wie bei der reibungslosen Bewegung auf einer Horizontalen) weitere Bewegungsformen oder Ursachen bereit (wie die damals selbstverständlich bereits bekannten magnetischen und elektrostatischen Kräfte)? Wie hängt die Lageenergie eines Pendelkörpers im Umkehrpunkt seiner Schwingung mit der Bewegungsenergie im tiefsten Punkt seiner Bewegung zusammen? Philosophische Fragen dieser Art, deren Antworten die Begriffs- und Theoriebildung der neuen Physik leiteten, würden nach heutiger Einteilung zur Wissenschaftstheorie gerechnet. Doch zugleich mit dem Umbruch von der (mittelalterlich transformierten) Antike zur naturwissenschaftlich geprägten Neuzeit treten – für Descartes wurde dies bereits erwähnt – mit dem Zusammenbruch der alten Metaphysik auch neue, „erkenntnistheoretische" Fragen in den Vordergrund.

Nur noch die Gewißheit des aufgeklärten Menschen sollte als Erkenntnisinstanz gelten. Dieser Mensch steht dem in Messung und Experiment erkannten Objekt gegenüber. So ist es ein verständlicher Gemeinplatz der Philosophiegeschichtsschreibung geworden, die Trennung von (erkennendem) Subjekt und (erkanntem) Objekt in Verbindung mit den neuzeitlichen Naturwissenschaften entweder entstehen oder zumindest forciert zu sehen. Ja, moderne erkenntnistheoretische Autoren markieren geradezu den Unterschied zwischen Wissenschaftstheorie (der Naturwissenschaften) und Erkenntnistheorie dadurch, daß sie letzterer die Klärung von Möglichkeit und Grenzen menschlicher Erkenntnis zuweisen und diese Klärung von einer näheren Bestimmung des Erkenntnissubjekts, des Erkenntnisobjekts und der Beziehung zwischen beiden erwarten.

Wie sehr die Natur des menschlichen Erkenntnissubjekts dabei in den Vordergrund rückt, für das ja schon die antike und mittelalterliche Philosophie und Theologie eine reiche Beschreibungssprache bereithielten, zeigt eine kleine Liste prominenter philosophischer Schriften aus ungefähr dieser Zeit:

1690 erscheinen John Lockes „Essay Concerning Human Understanding" (Abhandlung über den menschlichen Verstand), 1704 von Leibniz die „Nouveaux essais sur l'entendement humain" (Neue Abhandlungen über den menschlichen Verstand), 1710 von George Berkeley der „Treatise Concerning the Principles of Human Knowledge" (Prinzipien der menschlichen Erkenntnis), 1748 von David Hume „An Enquiry Concerning Human Understanding" (Untersuchung über den menschlichen Verstand) und schließlich 1781 die erste Ausgabe von Immanuel Kants „Kritik der reinen Vernunft". Diese Liste der „klassischen" Erkenntnistheorien markiert eine Hinwendung zum menschlichen Erkenntnisvermögen in einem Spannungsfeld, das schon im Gegensatz von platonischer Ideenlehre und aristotelischer Erkenntnislehre angelegt war. Dieses Spannungsverhältnis betrifft das Zusammenwirken (und die Gewichtung oder gar Auszeichnung) von Sinneserfahrung einerseits und Denken andererseits (angeborene Ideen, logisches Schließen, „apriorische", d.h. vor aller Erfahrung liegende und für Erkenntnis unverzichtbare Dispositionen des menschlichen Verstandes).

Für die Frageabsicht des vorliegenden Buches, Schritte zur Naturalisierung der Erkenntnis nachzuzeichnen, spielt dabei eine wichtige Rolle, daß und wie das Erkenntnissubjekt Mensch mit der Erweiterung naturwissenschaftlicher Erfahrungsbereiche über eine naiv vollzogene Sinneswahrnehmung hinaus zwischen Empiristen und Rationalisten verhandelt wurde. Wo die englischen Empiristen den Erkenntnisanfang in der unmittelbaren Sinneswahrnehmung sahen und von dort das Zustandekommen komplexer, strukturierter Erkenntnis zu erklären hatten, war den Rationalisten eine die Sinneserfahrung strukturierende Erkenntnisfähigkeit des Menschen z. B. in Form angeborener Ideen vorgegeben.

Entschieden wurde aber, historisch gesehen, dieser Streit nicht auf dem Feld dieser klassischen Erkenntnistheorien, sondern wiederum durch die Praxis des Erkennens in den Naturwissenschaften. Nach Meinung von Physikern des 20. Jahrhunderts haben die Fortschritte der empirischen Wissenschaften im 19. Jahrhundert (allen voran die Elektrodynamik) dem großartigen Versuch Kants ein Ende bereitet, das Zusammenwirken von Erfahrung und reiner Vernunft beim Menschen (der eine Naturgeschichte seiner Entwicklung hinter sich hat) zu bestimmen. Danach hat die Erfahrung über das Denken gesiegt.

Kant hatte in Kenntnis der Physik Newtons deren Form raumzeitlicher Beschreibungen und mechanischer Kausalerklärung so erläutert, daß die Erfahrung des Naturforschers den Erkenntnissen eines „wohlbestallten Richters" entspräche, der die Natur durch Messung und Experiment in den Zeugenstand ruft. Solche speziell naturwissenschaftlichen Erfahrungen seien, wie jede raumzeitliche Kausalerfahrung schlechthin, von apriorischen Bedingungen der Möglichkeit abhängig: So könnten insbesondere die Sätze der Geometrie und der Phoronomie (Bewegungslehre) nicht aus der Erfahrung stammen, sondern gingen jeder Erfahrung voraus, bildeten also gleichsam die strukturelle Vorgabe schon für jede raumzeitliche Sinneswahrnehmung, die wir im Erfahrungsurteil äußern.

Erst aus dem Rückblick des 20. Jahrhunderts zeigt sich daran, wie dominant die Rolle der neuzeitlichen, klassischen Physik für „das Erkenntnisproblem" geworden ist: Die Geometrisierung der Natur durch Galilei und Newton (und andere Exponenten der klassischen Physik) hat dem Streit der Erkenntnistheorien zwischen Empirismus und Rationalismus eine wissenschaftliche Theorie, nämlich die Geometrie Euklids, als Prüfstein beschert: Wie schon Platon und Aristoteles sich uneins waren über das Wesen der geometrischen Gegenstände, wurde nun für das Erkenntnisproblem schlechthin, also für eine Beschreibung des menschlichen Erkenntnissubjekts, wiederum eine wissenschaftliche Theorie, genauer ihr philosophisches Verständnis entscheidend. Ist die Erkenntnis, die in geometrischen Lehrsätzen formuliert wird, rein aus dem Verstande kommend, oder beruht sie auf Erfahrung, gar auf Sinneswahrnehmungen? Gilt sie vor aller Erfahrung oder beruht sie, wie später im 20. Jahrhundert die Physik behauptet, auf Messungen, ist also empirisch (und damit auch durch Erfahrung widerlegbar)?

Mit anderen Worten, die Hinwendung der philosophischen Diskussion zum Erkenntnissubjekt hatte, auch wenn die Mehrzahl der klassischen Autoren zur raum-zeitlichen Form der Erkenntnis Auffassungen geäußert haben, die tatsächliche Geschichte der Naturwissenschaften als Praxis des Erkennens nicht von ihrer entscheidenden Rolle verdrängen können. Vielmehr waren es wieder Grundlagenprobleme gerade der das Naturgeschehen raumzeitlich beschreibenden und kausal erklärenden Naturwissenschaften, kurz, es war das mechanistische Programm, das den weiteren Gang der Debatten um das Erkenntnisproblem bestimmte.

Im 19. Jahrhundert war der Erkenntniszuwachs der Naturwissenschaften geradezu dramatisch. Die Mechanik als Grunddisziplin wurde in eine technische und theoretische Beherrschung elektrischer und magnetischer Kräfte in der Elektrodynamik, von Eigenschaften von Gasen (Zusammenhang von Druck, Volumen und Temperatur) in der Thermodynamik weiterentwickelt und nach und nach mit den bei den Sinnesqualitäten des Hörens und Sehens ansetzenden Gebieten der Akustik und der Optik zu einer einheitlichen Physik zusammengeführt. Dies zog erhebliche theoretische Probleme nach sich, die gerade die von der klassischen Physik und ihren Philosophen von Descartes bis Kant als unproblematisch unterlegten Auffassungen von Raum, Zeit und Kausalität betrafen.

Ebenfalls ins 19. Jahrhundert fallen geradezu revolutionäre Entwicklungen in der Biologie mit physiologischen und evolutionsbiologischen Erkenntnissen, der Chemie mit der erfolgreichen Ausbildung grundlegender Vorstellungen von chemischen Elementen, Atomen, Molekülen und Reaktionen, der Medizin, der experimentellen Psychologie, und nicht zuletzt in den angewandten, d.h. auf individuelle Objekte gerichteten Spezialfächern wie der physischen Geographie, der Astronomie und Astrophysik, der Paläontologie, der Meteorologie usw. Naturwissenschaften und Philosophie entwickelten sich völlig auseinander. Die Philosophen wandten sich mit der romantischen Naturphilosophie einerseits, mit hoch spekulativen Philosophien der Jenenser Tradition (Fichte, 1762–1814 und Hegel, 1770–1831) andererseits von den aktuellen Entwicklungen der Naturwissenschaften ab, oder die akademische Philosophie reagierte mit Strömungen des Neukantianismus und dem Ruf „Zurück zu Kant!" gegenüber den Naturwissenschaften affirmativ, d.h. die Trennung von Naturwissenschaft und Philosophie anerkennend und den Ergebnissen der Naturwissenschaften zustimmend.

Hatten Kant (und der Neukantianer Fries, 1773–1843) der klassischen Physik noch in kritischer Absicht eine Theorie der Begriffs- und Theoriebildung bzw. der Gegenstandskonstitution für Raum, Zeit und Kausalität anzubieten, wandten sich die philosophisch durchaus gebildeten, erfolgreichen Naturwissenschaftler des 19. Jahrhunderts (wie Emile Du Bois-Reymond, 1818–1896, Johannes Peter Müller, 1801–1858, Hermann von Helmholtz, 1821–1894, Ernst Mach, 1838–1916, Heinrich Hertz, 1857–1894 und andere) von der akademischen Philosophie ab. „Philosophie" war zur unverständlichen Metaphysik geworden. Wie die englischen Empiristen – am bekanntesten Hume – empfahlen, die Bücher der Metaphysiker zu verbrennen, so betonten nun die Naturwissenschaftler, von der Philosophie klassischen und akademischen Zuschnitts nichts mehr wissen zu wollen und das Erkenntnisproblem am Erfolg der Naturwissenschaften selbst und ausschließlich dort studieren zu können.

Das philosophische Erbe der neuzeitlichen Physik und der empirischen Naturwissenschaften hat für das Erkenntnisproblem eine dramatische Entfremdung von Naturwissenschaft und Philosophie zur Folge. Die Philosophen verstehen die Naturwissenschaften nicht mehr oder, wo sie es doch tun (wie bei einigen wichtigen Vertretern des Neukantianismus), enthalten sich jeder erkenntnistheoretischen Einmischung. Die Naturwissenschaftler dagegen fangen an, die Grundlagenprobleme ihrer eigenen Disziplinen zu einer selbständigen Philosophie auszubauen – und entwickeln die Position, die im nächsten Kapitel als „Szientismus" zu besprechen sein wird. Denn sie bleiben nicht bei den Erkenntnisproblemen der Naturwissenschaft selbst stehen, die sich als Methodenprobleme fassen lassen, sondern kehren zu traditionellen Fragestellungen nach der Natur des menschlichen Erkenntnissubjekts zurück, und zwar, wie selbstverständlich, nun nicht mehr mit den Mitteln traditioneller philosophischer Begriffe und spekulativer Methoden, sondern mit den Mitteln der Naturwissenschaften selbst.

4. Die Gegenwart

Ein Kapitel „Das philosophische Erbe", das hier vor allem das Ziel hat zu erläutern, wie es zur „Naturalisierung" der Erkenntnis gekommen ist, muß selbstverständlich bis in die jüngste Gegenwart hineinreichen. Die gegenwärtige Situation erkenntnistheoretischen Fragens in der Philosophie ist jedoch aus mehreren Gründen höchst unübersichtlich.

Da sind zunächst einmal die äußeren Umstände, die die Philosophie nicht weniger als z.B. die Naturwissenschaften ergriffen haben: Wenn z.B. zur Erklärung einerseits der explosionsartigen Vermehrung naturwissenschaftlichen Wissens, andererseits theoretischer Unübersichtlichkeit sogar innerhalb einzelner Teildisziplinen betont wird, 90 % aller jemals forschenden Naturwissenschaftler lebe und forsche heute, gilt ähnliches für die Philosophie. In den USA etwa ist die Philosophie mit einer Zahl von zwischen zwölf- und fünfzehntausend akademisch-professionellen Philosophinnen und Philosophen ein unübersichtliches Großunternehmen. Hinzu kommen schwer bestimmbare historische und politische Einflüsse, etwa der Reimport der Wissenschaftstheorie aus der angelsächsischen Welt nach dem Zweiten Weltkrieg, nachdem deren führende Köpfe aus Deutschland und Österreich durch Flucht oder Vertreibung im Nationalsozialismus nach England und in die USA gekommen waren. Schließlich dürften hochschul- und wissenschaftspolitische Entwicklungen der akademischen Philosophie in Deutschland mit der Begünstigung von Schul- und Gruppenbildungen Auswirkungen auf „die" erkenntnistheoretische Diskussion der Philosophie haben. Das heißt, die Gegenwart ist nicht nur durch große Heterogenität einzelner Bemühungen, sondern häufig auch durch einen hermetischen Abschluß von Positionen, Traditionen und Programmen gegeneinander gekennzeichnet. Heute gibt es in der Philosophie eher eine pluralistische Vielzahl von Strömungen und Moden als eine kohärente Debatte oder eine funktionierende, d. h. einer einheitlichen Idee von Aufklärung oder Wahrheit verpflichtete Gelehrtenrepublik.

Es verdankt sich deshalb wiederum bereits einer unter bestimmten Zwecken vorgenommenen Auswahl, einzelne Entwicklungen hervorzuheben. Diese Selektivität gilt für alle erkenntnistheoretischen Darstellungen, ob sie nun einen Entwicklungsfaden von Descartes zu Wittgenstein (1889–1951) und dem Wiener Kreis spannen wollen oder sich auf eine Analytische Philosophie der Erkenntnis in der englischsprachigen Welt beschränken, ob sie die Unverträglichkeit oder die Vereinbarkeit phänomenologischer und pragmatischer Ansätze behandeln, oder ob sie als Grundfragen der Erkenntnistheorie einerseits das Leib-Seele-Problem, andererseits „das Realismusproblem" (Gibt es eine menschenunabhängig strukturierte Wirklichkeit als zu erkennendes Objekt?) zu den Hauptanliegen gegenwärtiger Philosophie der Erkenntnis erheben (vgl. Literaturverzeichnis).

Unter dem Einfluß der Naturwissenschaften auf die akademisch-philosophische Debatte, wie er im vorangegangenen Abschnitt erläutert wurde, ist es nicht einmal klar, was unter „Erkenntnistheorien" in der Gegenwart überhaupt zu verstehen ist. Manche Autoren betonen, daß sie sich nur der begrifflich gefaßten, also in sprachlichen Erkenntnisresultaten diskutierbaren („propositionalen") Erkenntnis zuwenden, obgleich für den alltäglichen Lebensvollzug auch andere Erkenntnisformen wichtig seien; andere Autoren betonen, daß wesentliche erkenntnistheoretische Probleme erfolgreich von den Naturwissenschaften übernommen oder gar gelöst worden sind, so daß nur noch Voraussetzungen und Methoden der Naturwissenschaften vom Menschen der philosophischen Reflexion übrig geblieben seien; wieder andere Autoren setzen Erkenntnistheorie mit Wissenschaftstheorie gleich und räumen den außerwissenschaftlichen Formen des Erkennens keine Bedeutung in der philosophischen Debatte ein; wieder andere sehen gerade in dem durch die Wissenschaftstheorie nicht abgedeckten Rest das der akademischen Philosophie verbliebene Terrain usw.

Wieder im Blick auf die Fragestellung dieses Buches, worin die allmähliche Verlagerung „des Erkenntnisproblems" in die Zuständigkeit der Naturwissenschaften besteht, und ob sie zu Recht besteht, sind wohl zwei Entwicklungen von besonderem Gewicht: der so genannte „linguistic turn", d.h. die sprachliche Wende der Philosophie und die Entstehung der Wissenschaftstheorie. (Es wird sich sogleich zeigen, daß auch dies nur zwei verschiedene Aspekte oder Betonungen sind, weil nämlich die moderne Wissenschaftstheorie der Naturwissenschaften im 20. Jahrhundert zunächst einmal ganz vom *linguistic turn* beherrscht wird und demzufolge Naturwissenschaften, Mathematik und Logik vor allem oder ausschließlich als sprachliche Phänomene diskutiert.) Deshalb soll das philosophische Erbe der Gegenwart bezüglich des Erkenntnisproblems hier im Verhältnis zur sprachlichen Wende der Philosophie und zur Wissenschaftstheorie erörtert werden; dabei bleiben dann unbehandelte Reste, die zum Teil in Kapitel III, 4. („Die Naturalisierung der Erkenntnistheorie") sowie bei der Darstellung einer „kulturalistischen" Erkenntnistheorie in Kapitel IV diskutiert werden sollen.

Obgleich in der philosophischen Tradition von der Antike bis ins 19. Jahrhundert die menschliche Sprache und ihr Verhältnis zur Wirklichkeit bzw. ihre Rolle für das Zustandekommen und die Geltung von Erkenntnis immer wieder thematisiert worden ist, rechtfertigt sich, in Verbindung mit dem Logiker und Philosophen Gottlob Frege (1848–1925) und den beiden Philosophien von Ludwig Wittgenstein sowie den Anfängen der sprachanalytischen Philosophien im englischen Sprachbereich (Bertrand Russell, 1872–1970, George Edward Moore, 1873–1958) von einer „sprachlichen Wende der Philosophie" zu sprechen. Diese Wende besteht, kurz gesagt, in der Entdeckung, daß Probleme der Wissenschaften und der Philosophie als Probleme ihrer sprachlichen Formulierung behandlungsfähig und behandlungsbedürftig sind. Die Alltagssprache sowie die Fachsprachen einzelner Traditionen, die oben „Bildungssprache" genannt wurden, sind für wissenschaftliche und philosophische Zwecke weder hinreichend eindeutig und klar bestimmt, noch ohne Schwierigkeiten in ihren spezifischen Schwächen reparierbar. Beispiele hierfür haben sowohl mathematische und naturwissenschaftliche Grundbegriffe theoriebildender Wissenschaften (wie der Physik) als auch philo-

sophische Wörter wie ‚Sein‘, ‚Existenz‘, ‚Wirklichkeit‘ u. a. geliefert. Nach gegenwärtiger Mehrheitsmeinung von Mathematikern
und Physikern etwa „müssen prinzipiell" gewisse Grundbegriffe
wie Punkt, Menge, Länge, Dauer, Masse, usw. als undefinierte,
nur im Zusammenhang ganzer Theorien verständliche Ausdrücke
von expliziter, eindeutiger Definition entbunden bleiben. Entsprechend verzichten Philosophien auf die Definition elementarer
Kernwörter.

Darüber hinaus erlauben Regeln eines grammatisch korrekten
Sprechens Formulierungen, deren Bedeutung und Geltung fraglich bleibt. Damit waren die „Scheinprobleme" entdeckt, Probleme, die in grammatisch korrekten Fragen oder Behauptungen
stecken, deren Formulierungen aber hinsichtlich Bedeutung und
Geltung unbestimmt und gar unbestimmbar sind. Auf diese Ein-
sichten wurde mit verschiedenen Strategien reagiert, etwa mit
einer Philosophie der Alltagssprache („ordinary language philosophy"), die in der vorfindlichen, angeblich durch keine Definitionen oder Explikationen hintergehbaren Sprache die („erste"
oder „letzte") Definitionssprache sah, um theoretische Ausdrücke
der Wissenschaften und der Philosophie zu erläutern. Daraus er-
gab sich die Aufgabe, die gewöhnliche oder Alltagssprache unter
vielfältigen Fragestellungen zu analysieren und zu beschreiben.

Eine radikal andere Strategie besteht darin, für bestimmte
Zwecke, eben auch solche des Erkennens, eigene Kunstsprachen
zu entwickeln, die in einem Aufbau einer einheitlichen Wissenschaft von den ersten Schritten der Logik und der Mathematik zu
den theoretischen Fachausdrücken aller wissenschaftlichen Disziplinen führen. Dadurch werde die Erkenntnis in ihrer Wissen-
schaftlichkeit von nicht-wissenschaftlichen Aussagen abgegrenzt
oder komme gar zur Ausgrenzung nicht wahrheitsfähiger, pejora-
tiv „metaphysisch" genannter Sprachstücke. Die Sprache des täglichen Lebens konnte von solchen Kunst- und Formalsprachen
unberührt bleiben. (Dieses Programm hat etwa Rudolf Carnap
verfolgt.)

Eine weitere Strategie ist die auch im vorliegenden Buch ver-
folgte, allen vorfindlichen Sprachen, d.h. denen des Alltags, der
Wissenschaften und der Philosophie gegenüber kritisch nach Bedeutung im Sinne der Sprachverwendung zu fragen und diese bei
Bedarf methodisch in ihrem Gebrauch zu rekonstruieren und zu

normieren, um sie zu einem brauchbaren Werkzeug für die Lösung vorliegender Probleme aufzubereiten.

Bezeichnet man diese drei Prototypen des Vorgehens als den alltagssprachlichen, den kunstsprachlichen und den konstruktiven Weg, so ist auch dies bereits wieder eine Typisierung, die für die tatsächlichen Entwicklungen im 20. Jahrhundert bei weitem zu grob ist. Da es aber im vorliegenden Buch nicht um eine Philosophie der Sprache und nur am Rande um eine Anwendung der Sprachphilosophie auf das Erkenntnisproblem geht, wenden wir uns einer ganz speziellen Entwicklung zu, ohne die die heutigen Naturalisierungsprogramme der Erkenntnis kaum verständlich wären, nämlich dem Verständnis der Sprache in den sogenannten exakten Wissenschaften. Und wieder ist es eine tatsächliche Entwicklung in der Praxis des Erkennens und ihrer Verarbeitung durch die Agenten dieser Praxis, die der reflektierenden Philosophie vorauseilen und die Fakten schaffen. Und noch immer ist es die alte, platonisch-aristotelische Frage nach dem Wesen der Gegenstände der Geometrie und nach dem Typ der Geltung ihrer Aussagen, um die es geht.

Die Geometrie war seit den Tagen Euklids nicht stehengeblieben. Schon von den ersten, antiken Kommentaren an wurden Schwächen seiner Theorie erörtert und zu beheben versucht, wobei vor allem das Parallelenproblem im Vordergrund stand. Das Parallelenproblem besteht in einer heutigen, für den Laien verständlichen Formulierung in folgendem: Definiert man, zwei Geraden (in einer Ebene) heißen parallel, wenn es eine dritte Gerade gibt, die auf den beiden anderen senkrecht steht, so ergibt sich das Problem, ob ein weiteres Lot auf einer der beiden Parallelen auch die andere rechtwinklig schneidet. Derselbe Sachverhalt anders formuliert: Konstruiert man schrittweise mit Lineal und Zirkel ein Rechteck, so kann man nur dreimal ein Lot konstruieren. Die vierte Ecke ergibt sich dabei von selbst. Ist ihr Winkel ein rechter?

Euklid setzt hierfür ein eigenes Axiom an, das, wenn auch in einer ganz anderen Formulierung, die Rechtwinkligkeit dieses vierten Winkels postuliert. Historische Reparaturversuche waren nun immer wieder darauf gerichtet, dieses Postulat aus den anderen ersten Sätzen der Theorie zu beweisen, also zu zeigen, daß es sich in Wahrheit um einen Lehrsatz und nicht um ein Postulat oder Axiom handle. Und die Erfolglosigkeit, einen generellen

Beweis zu finden, hat schließlich zur Entdeckung geführt, daß „das Parallelenaxiom" auch verneint werden kann, ohne dadurch zum Rest der Geometrie in einen logischen Widerspruch zu geraten. Kurz, es gibt so etwas wie eine Rumpfgeometrie (ohne Aussage zur Parallelität), von den Mathematikern „absolute Geometrie" genannt, sowie, logisch ungefährlich, die Zutat entweder des Parallelenaxioms oder seiner Verneinung. Formuliert man das Parallelenaxiom so, daß es „zu einer Geraden durch einen Punkt außerhalb der Geraden genau eine Parallele gibt", dann gibt es sogar zwei verschiedene Verneinungen, nämlich einmal, daß es keine Parallele gibt, und einmal, daß es mehr als genau eine gibt – was mithin schon zu drei möglichen Ergänzungen der absoluten Geometrie um ein weiteres Axiom führt.

Diese Entdeckung der logischen Möglichkeit der „nicht-euklidischen" Geometrie hatte höchst dramatische Folgen für „das Erkenntnisproblem". Was war einerseits von der Behauptung Kants zu halten, die Geometrie gelte a priori, d.h. nicht nur vor aller Erfahrung, sondern auch mit „Notwendigkeit"? Auf welche der drei Geometrien sollte sich die kantische These nun beziehen? Zum anderen hatte sich Newton wie die gesamte klassische Physik der Geometrie Euklids bedient. Sollte sie dabei bleiben oder, durch die Probleme der logischen Verträglichkeit von klassischer Mechanik und neuer Elektrodynamik irritiert, zu anderen Geometrien greifen? Ja, sollte es nicht mit den Verfahren der messenden Naturwissenschaft entschieden werden, welche der Geometrien für den „wirklichen Raum" empirisch gilt? Die Philosophen und Erkenntnistheoretiker jedenfalls schwiegen und schweigen überwiegend bis heute zu diesen Fragen. Es waren Mathematiker und Naturwissenschaftler, die sich philosophierend ihrer annahmen.

Von kaum zu überschätzender Bedeutung war dabei der Mathematiker David Hilbert, der nicht nur in dieser Geometrie-Frage, sondern als Reaktion auf die bekannt gewordenen Grundlagenprobleme von Mathematik und Logik im 19. Jahrhundert mit starker Hand ein Programm für die Mathematik formulierte. In der Geometrie vertritt dieses einen „formal-axiomatischen Standpunkt": Die Axiome der Geometrie, die Beziehungen von Punkten, Geraden und Ebenen festlegen, seien keine inhaltlich bedeutungsvollen Aussagen, sondern nur Aussage*formen*; sie setzten Verknüpfungen von Variablen verschiedener Sorten, für die es unerheblich sei, daß man nach wie vor für sie die Wörter Punkt, Gerade und Ebene, Schnitt, Kongruenz usw. verwende. Die einzige Form der Erkenntnis in der Geometrie sei die logische Ableitungsrichtigkeit von Lehrsätzen aus den Axiomen. Die Axiome selbst beanspruchten keine spezifische Geltung (etwa Evidenz), sondern hätten lediglich formalen Kriterien zu genügen: Axiome dürfen zueinander nicht in logischem Widerspruch stehen oder auseinander ableitbar sein.

Jede „Realgeltung" der Geometrie für die Gegenstände der Erfahrung (und genauer der Erfahrungsgewinnung wie für die Meßgeräte der Physiker) war damit als Thema der Mathematik ausgeschlossen. Wer die formale geometrische Theorie als Erfahrungswissenschaftler benützte, müsse sie erst geeignet „interpretieren", indem er z.B. fein ausgeblendete Lichtstrahlen als Geraden, Fadenkreuze oder Lochblenden als Punkte deute usw. Dadurch würden die geometrischen Aussageformen zu inhaltlichen Sätzen mit Bedeutung und empirischer Geltung.

In dieser Entwicklung von Geometrie und Physik liegt die vielleicht wichtigste Nahtstelle zwischen der sprachlichen Wende der Philosophie einerseits und der Entwicklung der Wissenschaftstheorie andererseits. Die Nachfrage, was die Grundbegriffe der Geometrie wie Punkt, Gerade und Ebene bedeuten, war bereits die „sprachlich gewendete" Frage nach dem Wesen der Gegenstände der Geometrie. Und die von den Fachwissenschaftlern in Mathematik und Physik anerkannten Antworten waren für die philosophische Gegenüberstellung von Vernunft- und Tatsachenwahrheiten, von apriorischen und empirischen Erkenntnisse, und für die Bemühungen, beide Erkenntnisquellen in ein ausgewogenes Verhältnis zu bringen, von den Folgen her fatal. Es setzte sich die Auffassung durch, die auch heute noch das Selbstverständnis der meisten Mathematiker und Naturwissenschaftler bestimmt, daß es einerseits Sprache in einem exakten Sinne nur als formale Struktur gebe, d.h. als „Syntax" von Algorithmen und Formalismen. Inhaltlich bedeutungsvolle und geltungsfähige Sätze über die Welt andererseits seien, wie der gesamte Rest wissenschaftlicher Erkenntnis, der Erfahrungskontrolle durch Beobachtung und Experiment überlassen. Mathematik und Physik sind danach nicht etwa zwei Teilgebiete wissenschaftlichen Erkennens nach dem

Vorbild einer Arbeitsteilung, sondern als formalistische Mathematik und als empiristische Physik gleichsam ein letztes Wort der „exakten" Wissenschaft über die Quellen der Erkenntnis. Es gebe einerseits nur ein formales Strukturwissen in Form inhaltsleerer Theorien und andererseits die Erfahrung. Letztere entscheide (in einem „empiristischen Sinnkriterium", das sich von Hume bis zu Rudolf Carnap (1891–1970), dem Exponenten des Logischen Empirismus als der Hauptströmung der Wissenschaftstheorie in der ersten Hälfte des 20. Jahrhunderts, nachzeichnen läßt), was als Erkenntnis der Wirklichkeit zu gelten habe.

Das philosophische Erbe der Gegenwart ist also hauptsächlich durch die Entwicklung der mathematischen Physik, den Einfluß der Relativitätstheorie auf die Bevorzugung der nicht-euklidischen vor der euklidischen Geometrie (vgl. Kap. III, 1) und das formalistische Verständnis der Geometrie durch Hilbert (1862–1943) sowie das empiristische Verständnis der physikalischen Geometrie durch Carnap wieder einmal von der Praxis der Wissenschaften und ihrer nachträglichen Deutung bestimmt worden. Dabei wäre es verfehlt, dies für eine Spezialität einer bestimmten, gar nebensächlichen Wissenschaftstheorie zu halten. Vielmehr werden die heute in der Hauptsache diskutierten Erkenntnistheorien der analytischen Tradition von genau diesem Verständnis des Erkennens bestimmt.

Die anderen Strömungen, die oben als der verbleibende Rest bezeichnet wurden, wie Phänomenologie, Pragmatismus, Konstruktivismus, sind dieser vorherrschenden Tradition verschlossen geblieben. Sie war und ist, verbunden mit dem wachsenden Gewicht der englischen Sprache in der Philosophie, institutionell mächtig genug, allein in den eigenen Grenzen zu existieren.

III. Die Naturalisierung der Erkenntnis

Rückblickend läßt sich zusammenfassen, daß eine Antwort auf die Titelfrage dieses Buches unter historischen Bedingungen steht, die durch eine Wiederkehr des Gleichen gekennzeichnet sind. Es sind nämlich immer wieder die gleichen Exemplare von Problemen, und die gleichen Perspektiven auf diese Exemplare, die sich für die Frage nach der Erkenntnis in den Vordergrund schieben.

Als das wohl prominenteste Exemplar eines erkenntnistheoretischen Problems hat sich dabei die Frage nach dem Wesen der geometrischen bzw. mathematischen Gegenstände und ihres Verhältnisses zur Erfahrungswirklichkeit erwiesen. Und immer wieder war es dieses Problem, an dem die Gegensätze von Vernunft und Erfahrung, von Denken und Wahrnehmen, von mathematischer Theorie und messendem Experiment aufgeworfen wurden.

Auch die klassischen Nachfragen nach der Natur des menschlichen Erkenntnissubjekts, nach Existenz und Beschaffenheit des Erkenntnisobjekts und nach dem Verhältnis zwischen beiden im Prozeß bzw. im Ergebnis des Erkennens nehmen auf diese prominenten Themen Bezug. Modernere Nachfragen nach Möglichkeit und Grenzen der Erkenntnis machen da keine Ausnahme. Wiederkehrend sind auch Kernthemen wie die Sinneswahrnehmung, die Frage nach (jeder Erfahrung) vorgängigen, etwa angeborenen Ideen, nach Rolle und Leistung der Sprache, nach der Unterscheidung von Erkenntnistypen, nach der Allgemeinheit oder Überzeitlichkeit der Erkenntnis, nach Menschenunabhängigkeit oder Historizität der Erkenntniskriterien und weitere mehr.

Diese Wiederkehr des Gleichen in der philosophischen Behandlung des Erkenntnisproblems hat historisch nicht zu seiner Lösung, sondern immer wieder zur Ausbildung gegensätzlicher Positionen geführt. Und auch eine moderne Analyse, wonach im Hintergrund erkenntnistheoretischer Fragen immer wieder das Leib-Seele-Problem einerseits, das Realismusproblem andererseits gestanden hat, relativiert nicht die Aussage, daß die modernen mathematischen Naturwissenschaften immer die erkenntnistheoretische Debatte beeinflußt haben. Unschwer ließen sich für die gesamte Liste der hier genannten Exemplare, Perspektiven, Einteilungen und Themen sowohl Autoren als auch Texte nennen, in denen dazu Meinungen aus der Sicht fortgeschrittener Naturwissenschaften entwickelt und vertreten werden.

Damit soll nicht behauptet werden, man solle denjenigen Philosophen beipflichten, die eine Erkenntnistheorie in Wissenschaftstheorie aufgehen lassen, also Erkenntnisse allein in den Wissenschaften anerkennen wollen. Denn klare Unterscheidungskriterien zwischen wissenschaftlichen und nicht-wissenschaftlichen (außer- und vorwissenschaftlichen) Erkenntnissen sind verfügbar (vgl. dazu Kapitel IV). Hier geht es aber um die These, daß auch die nicht-wissenschaftlichen Erkenntnisse mit ihren traditionellen philosophischen Nachfragen unter den Einfluß der mathematischen Naturwissenschaften und des ihnen vorherrschenden Verständnisses genommen wurden. Dies ist nicht so überraschend, wie es vielleicht erscheinen mag, und zwar aus zwei Gründen:

(1) Die Naturwissenschaften bieten das umfassendste und verläßlichste Wirklichkeitswissen, das heute verfügbar ist, zumal wenn Qualitätskriterien für Wissen in technischer Wirksamkeit, in Prognose künftiger Ereignisse (wie einer totalen Sonnenfinsternis) und in der Erklärung der Vergangenheit (wie in der Evolutionsbiologie) gesehen und dafür die Autorität der Objektivität (im Sinne einer Personenunabhängigkeit der Geltung) gefordert werden. Kurz, wie die Wirklichkeit ist, beantworten heute die mathematischen Naturwissenschaften – und ihr Erfolg gilt häufig damit zugleich als die gesuchte Lösung „des Erkenntnisproblems": Was die Naturwissenschaften können und vermögen, verdankt sich ihren Methoden und Kriterien der Erkenntnisgewinnung.

(2) Die Naturwissenschaften haben den Menschen „als Teil der Natur" zu ihrem Gegenstand erkoren und ihn dadurch nicht nur etwa zum Patienten einer naturwissenschaftlichen Medizin, zum ökologischen Agenten, zum Piloten und Raumfahrer, allgemein zum technischen Agenten und Opfer oder Nutznießer gegenüber einer natürlichen Welt gemacht, sondern auch zum erkenntnisgewinnenden Forschungsgegenstand. Die Naturwissenschaft vom Menschen ist als „Kognitionswissen-

schaft" in Konkurrenz zur philosophischen Bestimmung von Erkenntnis, Erkenntnisvermögen und erkanntem Objekt getreten.

Zwei Ansprüche kennzeichnen diese Entwicklung: einmal der Anspruch, daß die Naturwissenschaften sich selbst, d.h. mit den eigenen Mitteln erklären können, und zum anderen, daß der Mensch in seinen Erkenntnisleistungen (also auch außerhalb der Naturwissenschaften) als Objekt von den Naturwissenschaften beschrieben und in seinen kognitiven Funktionen erkannt bzw. erklärt werden kann. In letzter Konsequenz fallen die Aspekte sogar zusammen, wo der Anspruch so weit geht, den Menschen in seinen Kognitionsleistungen einschließlich seiner naturwissenschaftlichen Erfolge ganz auf die naturwissenschaftliche Beschreibung des Menschen zurückzuführen. Doch geistesgeschichtlich lassen sich die wissenschaftstheoretischen von den erkenntnistheoretischen Entwicklungen eines solchen Naturalisierungsprogrammes deutlich voneinander trennen, wenn sich auch beide Entwicklungen chronologisch gesehen weitgehend überlappen.

Deshalb wird im vorliegenden Kapitel die Naturalisierung der Erkenntnis in einer Abfolge besprochen, für die vor allem die Gewichtung durch die institutionelle Philosophiegeschichte spricht: Während in Deutschland von den fünfziger bis zu den achtziger Jahren die Wissenschaftstheorie, etwa gemessen an der Zahl der besetzten Professuren für dieses Fach, im Vordergrund stand, ist in den letzten beiden Jahrzehnten die so genannte Philosophie des Geistes als eine Art philosophischer Begleitmusik zu den Kognitionswissenschaften in Biologie und Psychologie (sowie begleitenden Technikwissenschaften wie der Informatik, den Computerwissenschaften und der Künstlichen-Intelligenz-Forschung) getreten. Diese Vorgehensweise, die Naturalisierung der Erkenntnis darzustellen, ist nicht zwingend. Das heißt, der zunächst zu besprechende Szientismus ist weder Ursache noch Vorläufer der folgenden, physiologistischen und evolutionistischen Verständnisse des Erkenntnisproblems, noch umgekehrt. Es handelt sich vielmehr um verschiedene Erscheinungsformen ein und derselben Absicht, die Zuständigkeit der Naturwissenschaften allumfassend auszuweiten. Die hier gewählte Reihenfolge hat den zusätzlichen Vorzug, direkt an das zuletzt besprochene Problem der veränderten Auffassung von Wissenschaftssprache am Beispiel der mathematischen und der physikalischen Geometrie anzuschließen.

1. Der Szientismus

Das Wort „Szientismus" leitet sich ab vom Lateinischen *scientia*, ist aber beeinflußt vom englischen Sprachgebrauch für „science"; mit diesem Wort sind nicht alle Wissenschaften schlechthin, also unter Einschluß der Geisteswissenschaften gemeint, sondern nur die Naturwissenschaften. (Daß dies nicht ganz wörtlich zu nehmen ist, erkennt man leicht daran, daß auch die Mathematik in der Einteilung der Departments und Fächer an englischsprachigen Hochschulen zu den „sciences" gerechnet wird.)

„Szientismus" heißt das Programm (und seine Durchführungen), die Naturwissenschaften selbst naturwissenschaftlich zu beschreiben und zu erklären. Es geht hierbei also nicht um innernaturwissenschaftliche Fragen, die selbstverständlich und trivialerweise naturwissenschaftlich bearbeitet werden, sondern um solche Fragen, die sich in der Rede *über* Naturwissenschaften, über ihre Methoden und Leistungen, über ihre Geltungsansprüche und historischen Entwicklungen usw. stellen, also letztlich um philosophische Fragen. Szientistische Antworten betreffen Möglichkeiten und Grenzen naturwissenschaftlichen Erkennens der Welt, die dafür ausgebildeten Verfahren („Methoden") und ihre historische Entwicklung, das Verhältnis von Theorie und Wirklichkeit, von Natur und Technik, das Verhältnis der Teildisziplinen zueinander und vieles andere mehr.

Es wäre verfehlt, die Ausbildung eines philosophischen Selbstverständnisses der Naturwissenschaften vom Treiben der Naturwissenschaften durch Gebote oder Verbote abzutrennen oder auch nur, befriedend als Arbeitsteilung interpretiert, verschiedenen Professionen vorzubehalten; als sei es ausgemacht, daß nur der Naturwissenschaftler kompetent Naturwissenschaften treiben und nur der Philosoph philosophische Selbstverständnisse explizieren und beurteilen könne. Vielmehr läßt sich keine Naturwissenschaft im Labor und in der Theorie betreiben, ohne daß der Forscher auch über seine eigene Forschungstätigkeit, seine technischen Verfahren einerseits und seine sprachlichen Mittel andererseits, befindet und ausdrücklich spricht. So läßt sich mühelos an jedem Lehrbuch, ja wohl an jedem naturwissenschaftlichen Text ausweisen, daß da nicht nur z.B. über Körper in Kraftfeldern, über Stoffe und Reaktionen, über Organismen und Umwelten gesprochen wird. Es müssen immer auch Wörter für den Bereich menschlicher Verfahren auftauchen, wie Definition, Erfahrung, Experiment, Prinzip, Ergebnis, Widerspruch, Daten, Modell und vieles andere mehr. Das heißt, Naturwissenschaften können nicht betrieben werden und hätten a fortiori keine Ergebnisse, wenn im Prozeß der Forschung nicht immer auch über die Naturwissenschaften als menschliche Praxis gesprochen würde.

Diese Diskussionsebene wird aber de facto in der Ausbildung der Naturwissenschaftler nicht wissenschaftlich gelehrt. Wie weit es das einzelne Individuum dabei bringt, hängt von den Zufälligkeiten seiner wissenschaftlichen Biographie, seiner Allgemeinbildung, seiner Aufgeschlossenheit, seinem Bedürfnis nach begrifflicher Klarheit, kohärenter Selbstbeschreibung, moralischer und politischer Selbstverortung ab.

Auf diese Zusammenhänge kann man heute leichter aufmerksam werden (und machen) als vor hundert Jahren, also vor der Zeit, in der in den Naturwissenschaften Grundlagenprobleme drängend wurden, auf die die Naturwissenschaften mit ihren eigenen Mitteln reagiert haben, wodurch die Wissenschaftstheorie ihren Anfang nahm.

Obgleich auch Disziplinen wie die Biologie (z.B. im sogenannten Vitalismusstreit) oder die Chemie (etwa in der Grenzziehung zwischen anorganischer und organischer Chemie) sowie die Medizin und die Psychologie Beispiele liefern, waren es vor allem wieder die Physik und ihre mathematische Theoriebildung, die eine Vorreiterrolle einnahmen.

Wie oben erwähnt, war die Entdeckung der (logischen Möglichkeit der) nicht-euklidischen Geometrien mit Zweifeln an der Auszeichnung der Geometrie Euklids verbunden. Schon die an der Entdeckung und Entwicklung der nicht-euklidischen Geometrien beteiligten Gelehrten, wie der geniale Mathematiker Carl Friedrich Gauss (1777–1855), die Mathematiker Georg Friedrich Bernhard Riemann (1826–1866) und Henri Poincaré (1854–1912) sowie der Naturwissenschaftler Hermann von Helmholtz (1821–1894), hatten die geometrische Begriffsbildung in enge Verbindung zu empirischen, messenden Überprüfungen gebracht und Interpretationen gesucht bzw. entwickelt, die eine Realgeltung geometrischer Sätze nicht anders als im Sinne empirischer Kontrolle und Widerlegbarkeit durch Messung sehen konnten.

Aufschlußreich ist hier der viel zitierte Versuch von Gauss, durch physikalisch-optische Ausmessung eines großen Dreiecks, dessen Eckpunkte auf Berggipfeln lagen, die Frage zu beantworten, ob die Winkelsumme in einem solchen Lichtstrahlendreieck gleich zwei rechten Winkeln sei (was mathematisch der Geltung des Parallelenaxioms äquivalent ist). Dieses Beispiel ist historisch und systematisch dankbar, weil keine Äußerungen von Gauss überliefert sind, was er geschlossen hätte, wenn die Messungen eine Abweichung von der Winkelsumme 180° ergeben hätten. Gauss hätte sich wohl entscheiden müssen, ob er dies als Erfahrungssatz über die Winkelsumme in Lichtstrahlendreiecken angesehen hätte (wie es später die relativistische Physik getan hat), oder ob er darin ein Problem seiner Winkelmesser gesehen hätte, die sich vielleicht beim Transport auf die Berggipfel etwas verzogen hätten. Generell verlangen Messungen für geometrische Sachverhalte mit Hilfe von Meßgeräten immer eine Entscheidung, ob die Meßgeräte „richtig" funktionieren. (Dieser Satz gilt übrigens für alle, nicht nur für räumliche Messungen, also insbesondere auch für die Messung von Zeit und Masse.)

Für diese Entscheidung muß selbstverständlich feststehen, nach welchem Kriterium das „richtige" Funktionieren von Meßgeräten beurteilt wird. Am Beispiel der Winkelmessung: Gauss hätte sich entscheiden müssen, ob er seine Winkelmesser „euklidisch", das heißt so herstellen und verwenden wollte, daß die Winkelsumme im Dreieck gleich zwei Rechten ist, oder „nicht-euklidisch", wonach die Winkelsumme kleiner oder größer als im euklidischen Dreieck ist. Mit anderen Worten, das Gauss'sche Beispiel lehrt, daß keine Vermessung geometrischer Sachverhalte voraussetzungsfrei ist, sondern daß sie für die Meßgeräte bereits eine Geometrie als gültig setzt, nämlich als Kriterium für die gelungene Konstruktion, Herstellung und Verwendung entsprechender Meßgeräte.

Dafür drängt sich aus der philosophischen Geschichte des Erkenntnisproblems die Formulierung Kants von den „Bedingungen der Möglichkeit von Erfahrung" auf, wenn „Erfahrung" hier als (Gewinnung von) Meßergebnisse(n) verstanden wird. Jede Messung räumlicher Verhältnisse hat ein relatives Apriori der Art, daß dafür vorab beurteilt und entschieden werden können muß, ob die Meßgeräte ungestört sind; und niemand kennt oder bemüht dafür andere Sachverhalte als eben diejenigen, die in geometrischen Sätzen formuliert werden. Kurz, bezogen auf die besondere Erfahrungsform des Messens entsprechen die vom Menschen künstlich herbeigeführten und aufrechterhaltenen, unverzichtbaren Meßgeräteeigenschaften dem kantischen Apriori.

Prominent hat Albert Einstein (1879–1955) gegen einen solchen kantischen Apriorismus eine szientistische Gegenposition formuliert. Wie Galilei sich gegen den Aristotelismus, so wandte sich nun Einstein gegen das kantische Apriori und dekretierte als „eine der verderblichsten Taten der Philosophen, daß sie gewisse begriffliche Grundlagen der Naturwissenschaft aus dem der Kontrolle zugänglichen Gebiete des Empirisch-Zweckmäßigen in die unangreifbare Höhe des Denknotwendigen (Apriorischen) versetzt haben." Und „dies gilt im besonderen auch von unseren Begriffen über Zeit und Raum, welche die Physiker – von Tatsachen gezwungen – aus dem Olymp des Apriori herunterholen mußten, um sie reparieren und wieder in einen brauchbaren Zustand setzen zu können", wobei „die Begriffe nicht aus den Erlebnissen durch Logik (oder sonstwie) abgeleitet werden können, sondern in gewissem Sinn freie Schöpfungen des menschlichen Geistes sind, ... doch ebensowenig unabhängig von der Art der Erlebnisse, wie etwa die Kleider von der Gestalt der menschlichen Leiber" – also mit anderen Worten: den „Erlebnissen" der „Tatsachen" angemessen.

Pointiert hat Einstein damit Kant auf den Kopf gestellt. Hatte Kant von den (apriorischen) Bedingungen der Möglichkeit von Erfahrung gesprochen, setzte Einstein nun die Erfahrung als Bedingung der Möglichkeit einer gültigen Geometrie an den Anfang. Grund dafür war weniger ein antiphilosophischer Affekt Einsteins – rund zwanzig Jahre nach dem Verfassen des zitierten Satzes schreibt Einstein aus dem Urlaub einem Freund auf einer Postkarte, daß er nun zum ersten Mal im Leben Kant lese – sondern der Versuch der Lösung von Grundproblemen und der Vereinheitlichung verschiedener physikalischer Theorien. Nicht nur sollten alte, ungeklärte Begriffe bei der Bestimmung von Raum, Zeit und Kausalität durch moderne Operationalisierungen ersetzt werden (nach dem Schema: Zeit ist, was Physiker mit Uhren messen), sondern die Freiheiten der Maßbestimmungen sollten durch Verträglichkeit mit der anerkannten elektrodynamischen Theorie genutzt werden. Kurz, die „Semantik" (Bedeutung) von Sprachstücken zur Beschreibung der Meßpraxis sollte durch die bereits anerkannte physikalische Theorie der Elektrodynamik geliefert werden.

Damit ist bestimmt, wie hier von „Szientismus der Naturwissenschaften" die Rede ist. Grundbegriffe von Raum, Zeit und Kausalität, wie sie im Zusammenhang der technischen Beobachtungs-, Meß- und Experimentalpraxis tatsächlich schon gebräuchlich waren, sollten nachträglich im Lichte anerkannter Theorien (und ihrer mathematischen Analyse) uminterpretiert werden. Die Grundlagen wurden also aus den als gültig unterstellten Ergebnissen deduziert, und nicht mehr umgekehrt. Erkenntnismittel und Geltungsgründe werden so selbst zum Gegenstand der Naturwissenschaften, mehr noch, hängen allein von deren anerkannten empirischen Theorien ab.

Selbstverständlich ist es nicht die eine zitierte Bemerkung Einsteins gegen das kantische Apriori, sondern die allgemeine Anerkennung szientistischer Antworten auf Grundlagenprobleme durch die Physik, um die es hier geht. Bis heute findet man in Lehrbuchabhandlungen ebenso wie in Popularisierungen der physikalischen Auffassung von Geometrie diese Position: Die Physik entscheide durch Messungen, welche „Struktur der wirkliche Raum" besitze.

Aber nicht nur die Fachwissenschaften, sondern auch eine aus ihnen heraus entwickelte (und dominant gewordene) Wissenschaftstheorie hat sich dieser Auffassung angeschlossen. Es waren die Philosophen des „Wiener Kreises", die (mit den Exponenten Moritz Schlick, 1882–1936, Otto Neurath, 1882–1945, Rudolf Carnap und als Berliner Ableger Hans Reichenbach, 1891–1953, und Carl Gustav Hempel, 1905–1997) im Anschluß an programmatische Schriften von Bertrand Russell die Auffassung entwickelt hatten, Erkenntnis in einem strengen, wissenschaftlichen Sinne könne nur entweder logisch-mathematisch oder aber empirisch sein. Dadurch sollte, wie oben (vgl. S. 55) bereits erwähnt, nicht nur ein Abgrenzungskriterium für Wissenschaft(lichkeit) gegenüber Nichtwissenschaft(lichkeit) gewonnen sein, sondern explizit auch ein Ausgrenzungskriterium für Scheinwissen und Pseudowissenschaft. Das kantische Apriori war dabei explizit (z. B. von Carnap) als Beispiel genannt worden für einen bloß vermeintlichen Erkenntnisbereich, der für die Geometrie nach dem neuen Abgrenzungskriterium ganz zerfalle in die formale Geometrie im Sinne David Hilberts und in eine empirische, auf Messung beruhende physikalische Geometrie im Sinne Albert Einsteins.

Hans Reichenbach, der sozusagen der Hausphilosoph der Einsteinschen Physik war, hat sich des Problems angenommen, das oben an der Vermessung des Lichtstrahlendreiecks durch Gauss erwähnt wurde: Welche Geometrie bestimmt die Meßgeräte, mit denen man empirische Daten über Raumstrukturen (etwa durch Vermessung von Lichtstrahlen in Gravitationsfeldern) gewinnt? Selbstverständlich wußte man (und Reichenbach sah sich mit den Einwänden des Philosophen Hugo Dingler (1881–1934) in dieser Richtung konfrontiert), daß die Meßgeräte nach euklidischen Konstruktionsprinzipien hergestellt und verwendet worden waren. Wie konnte dann mit euklidischen Meßgeräten eine nicht-euklidische Raumstruktur gefunden werden? Reichenbachs Antwort, die von der gesamten Naturwissenschaft bis heute übernommen wurde, ist: Die technisch herbeigeführte, euklidische Struktur der Meßgeräte sei „in Wahrheit" eine nicht-euklidische; lediglich lägen die entsprechenden Abweichungen durch sogenannte relativistische Effekte unterhalb jeder Beobachtungsgenauigkeit.

Für das Erkenntnisproblem ist maßgebend, daß dieses „in Wahrheit" ein Bezug auf die anerkannten, vor allem elektromagnetischen und Gravitationstheorien war, die man ihrerseits insgesamt für empirisch bewährt hielt. In der Konkurrenz von Apriori und Aposteriori, von theoretisch-methodologischer Investition in die Theorien und erfahrungsabhängigem Ertrag, hatte also die Erfahrung, hatte der Empirismus gesiegt.

Dabei – dies ist noch einmal zu betonen – geht es nicht allein um ein Spezialproblem der theoretischen Physik, sondern nur um einen Präzedenzfall, dessen philosophische Interpretation durch den Logischen Empirismus schnell auf andere Wissenschaften sowie auf Erkenntnisse allgemein übergriff. Das auch in der heutigen öffentlichen Wahrnehmung wohl wichtigste Folge-Beispiel ist die sogenannte „evolutionäre Erkenntnistheorie", die besonders in der Form ihres prominentesten Urhebers Konrad Lorenz (1903–1989) die menschliche Erkenntnisfähigkeit als Produkt einer naturgeschichtlichen Anpassung des menschlichen Organismus an die Realität erklärt. Da diesem Ansatz ein eigener Abschnitt in Kapitel IV, 3 gewidmet ist, hier nur so viel: Für Lorenz wird das Apriori der Erfahrung (im Sinne Kants) zu einem Aposteriori der Stammesgeschichte, zu einem empirisch erkennbaren, naturgesetzlich beschreibbaren Gegenstand. „Szientismus", der zunächst nur die naturwissenschaftliche Erklärung der Naturwissenschaften selbst war, hatte sich bei Lorenz explizit auf den Menschen als erkenntnisgewinnendes Subjekt ausgedehnt und betraf gleichermaßen alltägliche wie wissenschaftliche Erkenntnisleistungen.

Gegen den Szientismus bleiben unwiderlegte Einwände, die in der klarsten und überzeugendsten Form gerade am Prototyp des einschlägigen Problems der geometrischen Gegenstände erläutert werden können: Meßgeräte sind nicht primär Gegenstände naturwissenschaftlicher Erfahrung. Sie kommen nicht von Natur aus, sondern durch zweckgerichtetes menschliches Handeln in die Welt. Und jeder Benützer eines Meßgeräts in naturwissenschaftlicher Forschung weiß, daß und wie er die Brauchbarkeit seiner Meßgeräte kontrolliert. Im zugespitzten Beispiel der Zeitmessung: Wenn eine Uhr defekt ist und stehenbleibt, wird kein Naturforscher annehmen, das Naturgeschehen sei nun plötzlich unendlich schnell, weil „keine Zeit vergehe" – sondern er wird die Uhr für defekt halten und reparieren (lassen) oder durch eine andere ersetzen. Und analog gilt das auch bei den Messungen des Raumes, wo es gerade die Axiome der euklidischen Geometrie sind, die für alle Meßgeräte räumlicher Verhältnisse die Ungestörtheit bestimmen. Defekte Meßgeräte fallen ja auch nach der Überzeugung der Naturwissenschaftler nicht aus der Menge der Gegenstände heraus, für die naturwissenschaftliche Sätze gelten sollen. Dies zeigen Naturwissenschaftler selbst unter anderem dadurch, daß sie Störungen von Meßgeräten mit naturwissenschaftlichen Sätzen kausal erklären und so zu einer Reparatur gelangen. Also ist das gestörte vom ungestörten Meßgerät nicht empirisch durch „Naturgesetze" unterschieden, sondern nur dadurch, daß die Störung technische Zwecke der handelnden Menschen verfehlt, die solche Geräte konstruieren, bauen oder benützen. Kurz, der Szientismus verkennt, daß ohne vorgängige, d. h. (relativ) apriorische Zwecksetzungen für die moderne Technik des Messens (und übrigens auch

Experimentierens) keine Erfahrung in Form von Meßdaten zustande kommt.

Der Szientismus ist eine philosophische Position, die von einer tatsächlichen Anerkennung der jeweils jüngsten Naturwissenschaft durch Setzung ausgeht und von dort zu einer nachträglichen, die Erfahrung überbetonenden Interpretation der Forschungsmethoden kommt. Diese Philosophie (und ihre Überbetonung der Erfahrung) deckt aber nicht einmal die tatsächliche Forschungspraxis der Naturwissenschaften ab, wo selbstverständlich Störungen von Meß- und Experimentierapparaturen erkannt und behoben werden, wo also im Spannungsfeld von Vernunft und Erfahrung die Vernunft durchaus ihren Platz hat. Nur in der Selbstverständigungsphilosophie der Szientisten bleibt diese „Bedingung der Möglichkeit von Erfahrung" unbeachtet – weil ja, im Unterschied z. B. zu den erkenntniskritischen Bemühungen Kants und einer daran anschließenden wissenschaftstheoretischen Tradition, das Wahrheitsproblem szientistisch bereits als erledigt gilt: nämlich durch den Glauben von Naturwissenschaftlern an ihre Theorien und Methoden.

Der Szientismus wird in der philosophischen Diskussion der Gegenwart – mit feinen Verschiebungen der Aspekte – auch als „Empirismus" (sofern die Formen naturwissenschaftlicher Erfahrung gemeint sind) und als „Naturalismus" diskutiert und vertreten; letzteres, weil das „naturalistisch" genannt wird, was den Anspruch auf Zuständigkeit der Naturwissenschaften auf alle vormals philosophischen oder nicht-naturwissenschaftlichen Gegenstandsbereiche ausdehnt.

Für „das Erkenntnisproblem" und dessen Naturalisierung werden, mit der schon genannten historischen Schwerpunktverschiebung von der Wissenschaftstheorie zur Philosophie des Geistes, die Ansätze der Naturwissenschaften vom Menschen als erkenntnisgewinnendem Subjekt zunehmend wichtiger. Sie bestimmen die nächsten beiden Abschnitte über physiologische und evolutionsbiologische Erkenntnislehren, wobei aber das szientistische Verständnis der Naturwissenschaften nicht in Frage gestellt wird.

2. Der Physiologismus

Bekanntlich gibt es seit der Antike Versuche, in medizinisch-biologischen Wissenschaften ein Wissen über den menschlichen Leib, seinen Aufbau und seine Funktionen zu gewinnen – und dies sicher von den ersten Anfängen menschlicher Kultur an im beobachtenden Vergleich mit den Lebenserscheinungen der Tierwelt. In einer sehr groben Einteilung heutiger medizinisch-biologischer Teilfächer ließen sich die Anatomie, die Physiologie und als neues, noch einmal einen speziellen Aspekt herausgreifendes Fach, die Neurowissenschaften nennen. Hinzu kommen Verhaltenswissenschaften, die mit naturwissenschaftlichen Methoden das Verhalten des Menschen gegenüber seiner Umwelt (einschließlich seiner Mitmenschen) untersuchen. Auf die genaueren Definitionen von Gegenstand und Methoden der genannten Disziplinen soll es hier gar nicht ankommen. Vielmehr greift der Abschnittstitel „Physiologismus" den Aspekt heraus, daß der menschliche Organismus mit naturwissenschaftlichen Mitteln in Struktur und Funktion beschrieben und erklärt wird – so daß dieses Thema auch unter dem Titel „Organizismus" hätte diskutiert werden können. Worauf es ankommt, ist nur, daß „der Mensch" zu einem Gegenstand der Naturwissenschaften gemacht wird, der dadurch selbstverständlich in seinen „Eigenschaften" von der fachspezifischen Aufmerksamkeit und den besonderen Verfahren des Beschreibens und Erklärens geprägt wird.

Wenn der Laie so einfachhin vom menschlichen Organismus spricht, wie es uns heute ganz geläufig geworden ist, übersieht er meistens, daß es bereits eine bestimmte, nämlich naturwissenschaftliche Betrachtungsweise mit bestimmten Fragestellungen und zulässigen Antworten ist, die hier als Beschränkung vorgenommen wird. Solche Beschränkungen sind keineswegs kritikbedürftig, sofern ihr Zweck nicht aus dem Auge verloren wird. Für manche Zwecke genügt sogar eine physikalische Beschreibung des Menschen, etwa wenn es beim Bau von Passagierflugzeugen um das Körpergewicht, um den erforderlichen Luftdruck, um Platzbedarf und Beschleunigungsverträglichkeit usw. geht. Werden der Stoffwechsel oder andere Lebensfunktionen Gegenstand naturwissenschaftlicher Forschung, ist es selbstverständlich nicht nur legitim, sondern aus Gründen der Zweckrationalität angezeigt, sich „biologisch" auf entsprechende Aspekte des menschlichen Leibes zu beziehen.

Die Physiologie als Paradedisziplin zur Erforschung von Funktionen des gesamten Organismus, seiner Organe und Organteile bis hinunter zu Zellen, Zellbausteinen und schließlich einzelnen Molekülen (etwa im Stoffwechsel des Zentralen Nervensystems) ist ebenfalls eine zweckrational gerechtfertigte, methodische Ausblendung bestimmter Aspekte.

Im Zusammenhang dieses Buches spielt selbstverständlich eine wichtige Rolle, daß von den genannten Disziplinen und in den genannten Beschränkungen auch solche Aspekte des Gesamtorganismus, solche Strukturen und Funktionen einzelner Organe untersucht werden, die wir im alltäglichen Vorverständnis zu den erkenntnisgewinnenden rechnen. Der Laie wird die Sinnesorgane für Sehen, Hören, Tasten, Riechen und Schmecken und anderes dazuzählen. Und selbstverständlich weiß heute auch jeder Laie, daß das Nervensystem und das Hirn für das Erkenntnisproblem im Sinne der Erklärung von Erkenntnisleistungen durch Organfunktionen des menschlichen Leibes wichtig sind.

Hier von einem „Wissen" zu sprechen, rechtfertigt sich unproblematisch. Wer sich die Augen zuhält, kann nichts mehr sehen. Deshalb wird er die Augen für das Sehen verantwortlich machen. Solche lapidaren Wissensbestände, die in der heutigen, hochzivilisierten Welt nicht nur Brillen und Hörgeräte zur Behebung von Wahrnehmungsbeeinträchtigungen umfassen, betreffen natürlich auch zeitweise, langfristige oder unumkehrbare Ausfälle des Erkenntnisvermögens im Nervensystem, vom Alkoholrausch bis zu schweren Erkrankungen (Sklerose, Tumor, Alzheimer Krankheit) des Hirns. Kurz, bereits die Differenzierung der Sinne im Alltagsverständnis sowie die Zuschreibung von Organen zu bestimmten Erkenntnisleistungen hat für jeden hinreichend gebildeten, erwachsenen Menschen den Charakter des unerschütterlich sicher Gewußten.

Verfolgen wir dieses Wissen noch ein wenig weiter, erhebt sich schon auf dieser Ebene der in das Alltagswissen übergegangenen naturwissenschaftlichen Erkenntnisse die Frage, warum man etwa das Hirn, nicht aber Leber und Nieren für erkenntnisgewinnende Organe hält. Zwar weiß man, daß schwerste Erkrankungen von Leber oder Niere den menschlichen Leib so beeinträchtigen können, daß auch jede Sinneswahrnehmung und Erkenntnistätigkeit zum Erliegen kommt. Dennoch wird man diese Organe nicht zu den erkenntnisgewinnenden rechnen. Das alte philosophische Vorverständnis bleibt erhalten, wonach, etwa im Unterschied zum Atmen, Wahrnehmen und Denken zum Erkennen führen.

Die Naturwissenschaften nehmen dazu in ihrer szientistischen Tradition eine zum Teil sogar widersprüchliche Haltung ein, wenn sie einerseits die Leistungen des Erkennens (z. B. in der Sinnesphysiologie) zu einer speziellen, auf Erkenntnisse abgestellten Disziplin ausbilden, andererseits selbstverständlich dieselben Beschreibungsmittel auf erkenntnisgewinnende und nicht-erkenntnisgewinnende Organe ansetzen: Einerseits soll Sinnesphysiologie erlauben, Erkenntnisfehlleistungen medizinisch zu therapieren und zu beheben, wobei also ein „richtiges" Wahrnehmen als Zielvorgabe angenommen wird; andererseits sind selbstverständlich auch die dem Vorverständnis nach an Erkenntnis beteiligten Organe solche, in denen Stoffwechselprozesse ablaufen, und die allen physikalischen, chemischen und biologischen Beschreibungen offenstehen wie die Organe des Verdauungs- und Atmungsapparates auch.

Das bedeutet aber, daß die Sinnesphysiologie ebenso wie die Hirnforschung bezüglich des Erkenntnisproblems in ein Dilemma geraten: Sie behandeln einerseits den menschlichen Organismus einheitlich, was die eingesetzten Forschungsmethoden und die naturwissenschaftliche Sprache aus Physik, Chemie und Biologie angeht; andererseits machen sie einen Unterschied zwischen erkenntnisrelevanten und erkenntnisirrelevanten Organen. Selbst wenn etwa Stoffwechselprobleme bei schwerer Zuckerkrankheit zu Sehstörungen führen, müssen diese „Sehstörungen" erst einmal als Fehlleistungen kognitiver Art bestimmt sein. Das heißt, so modern und raffiniert-naturwissenschaftlich auch die physiologischen Untersuchungsmethoden sein mögen, niemals kann die Physiologie ganz auf Unterscheidungen und sprachliche Mittel verzichten, die dem Bereich des Gewinnens und Beurteilens von Erkenntnissen angehören. Dabei verläßt die Physiologie niemals vollständig den Bereich der alltäglichen, lebensweltlichen Unterscheidungen von Sinnesqualitäten; um so mehr bleibt die Physiologie, wo es um höhere Erkenntnis geht, wie Problemlösung, Sprachverstehen und Sprachproduktion, bei der Unterscheidung von gelingender und mißlingender Erkenntnis, von Erkennen und Erkenntnisfehlleistungen.

Wie weit auch immer die modernen Naturwissenschaften vom Menschen es bringen, sie werden prinzipiell, und, wie man sofort sieht, aus einem sehr einfachen Grund, das traditionelle, schon an Descartes erläuterte Körper-Geist-Problem nicht los. Der Grund hierfür ist, daß ja schon der Anspruch von Naturwissenschaften, mit ihren Mitteln Erkenntnisleistungen, organismische Dispositionen und (wie sofort zu besprechen sein wird) deren evolutionsbiologische Entstehung „erklären" zu können, nach einer Nennung und Beschreibung des zu Erklärenden, des „Explanandums" verlangt. Kurz, wer „Erkenntnis" erklären will, muß wissen (und sagen können), was Erkenntnis ist. Da die Reaktion einer den Naturwissenschaften applaudierenden Philosophie des Geistes später zu besprechen ist, bleiben wir hier zunächst bei den Antworten, die von den Naturwissenschaften selbst auf dieses Problem gegeben werden, sofern es in dieser Form überhaupt gesehen wird.

Hier greifen die naturwissenschaftlich orientierten Verhaltenswissenschaften. So würden etwa der Physiologe und der Hirnforscher sich beim naturwissenschaftlichen Wahrnehmungs- und Kognitionspsychologen erkundigen, was dessen Experimente liefern. Den Menschen zum erkenntnisgewinnenden Forschungsgegenstand in psychologischen Experimenten zu machen heißt dabei, seine „Reaktionen" in künstlichen Experimentalsituationen auf variierende, d.h. vom Versuchsleiter variierte „Reiz"-Angebote zu beobachten, zu beschreiben und möglichst in Gesetzesform zu bringen. Es scheint daher so, als könnten physiologische Erklärungen ihr Explanandum aus Verhaltenswissenschaften und ihren Ergebnissen beziehen – und entkämen dadurch dem Problem, Erkenntnisse von Nichterkenntnissen unterscheiden zu müssen. Aber selbstverständlich ist damit einerseits nicht die lebensweltliche Problemstellung des Erkennens in Sinneswahrnehmung und Denken als Definitionsaufgabe aus der Welt geschafft, noch ist andererseits das Problem gelöst, daß ja nun der beobachtende und experimentierende Psychologe oder Verhaltensforscher seinerseits immer unterscheiden muß, was er für erkenntnisrelevant und -irrelevant hält. Und selbstverständlich bleibt das oben diskutierte Szientismus-Problem erhalten, daß er außerdem entscheiden muß, was er selbst als Versuchsleiter wahrnimmt oder schließt, kurz, was von seinen Verhaltensbeobachtungen Erkenntnisse sind und was nicht.

Hier ahnt auch der Laie, wie sich das Naturalisierungsprogramm durch szientistische Auffassungen zu einem „circulus vitiosus", einem fehlerhaften Begründungszirkel schließt. Szientistisch gesehen haben, sozusagen als Gruppenüberzeugung der Experten, die fortgeschrittensten Naturwissenschaften die bestmöglichen Antworten auf anstehende Fragen. In der Alltagssprache würde man sagen, sie haben prinzipiell immer recht, selbst dann, wenn sie sich in einer Geschichte des Erkenntnisfortschritts befinden und später die früheren Theorien transformieren, revidieren oder gar falsifizieren. Für die beteiligten Disziplinen hieße dies in einer fast bis zur Karikatur verkürzten Fassung: Naturwissenschaftliche Verhaltensforschung beschreibt, wie Organismen kognitiv auf Reizangebote reagieren, und der Physiologe erklärt diese Reaktionsvermögen organismisch, wonach der Evolutionsbiologe deren Entstehung als Anpassung an die Außenwelt in einem langen, naturgesetzlichen Entwicklungsprozeß interpretiert. Die beteiligten Verhaltensforscher, Organismusforscher und Naturgeschichtsforscher sind selbst dabei nichts anderes als die organismischen Maschinen, von denen die Rede ist. Kurz, Erkenntnis der einen Art begründet die andere, und umgekehrt.

Nun ist diese Auffassung selbst nach den heutigen Kenntnissen der Naturwissenschaften noch eher ein phantastisches Programm als Stand der Forschung. Selbstverständlich kann weder ein Verhaltensforscher noch ein Physiologe noch ein Evolutionsbiologe genau die Theorien oder auch nur seine eigenen, individuellen fachwissenschaftlichen Überzeugungen mit den Mitteln seiner Disziplin erklären. Dazu müßten unter anderem nämlich auch die historischen Entwicklungen der Fachwissenschaften, ihre institutionellen, gesellschaftlichen, politischen, aber auch technikgeschichtlichen Umstände ebenfalls letztlich auf die physiologische Natur der sich verhaltenden Organismen zurückgeführt werden – was im Ernst nur jemand anstreben kann, der z.B. über Wissenschafts- und Technikgeschichte als Kulturphänomene zu wenig weiß. Aber unterstellt man zugunsten des Naturalisierungsprogramms, daß ja auch in Zukunft noch Forschung stattfinden und zweifellos vieles Neues entdeckt werden wird, so bleibt immer noch das prinzipielle Problem des Physiologismus, das oben im Spezialfall der physikalischen Datengewinnung durch Messung bereits angesprochen wurde: Jede, auch in der Physiologie und in der Verhaltensforschung gewonnene, naturwissenschaftliche Erfahrung ist nicht voraussetzungsfrei, sondern an das Gelingen technischer Veranstaltungen gebunden, die für Messen, Experimentieren und Beobachten nach naturwissenschaftlichen Methoden unverzichtbar sind. Und naturwissenschaftliches Wissen, selbst die bewährtesten „Naturgesetze", können keine Unterscheidung von ungestörten und gestörten Erkenntnismitteln leisten; diese sind immer nur durch die Zwecke des Erkennens, durch menschliche, kulturellem Wandel unterliegende Erkenntnisinteressen gegeben.

Die Naturalisierung des Erkennens im Physiologismus hat, dies läßt sich verallgemeinernd aus einer Kritik szientistischer Verständnisse des naturwissenschaftlichen Erkenntnisgewinns lernen, das Wahr-falsch-Problem, oder allgemeiner, das Erkenntnisproblem schlechthin mißverstanden. Selbst wenn es gelänge, in zukünftigen Naturwissenschaften so viel über den Menschen als Organismus und darüber hinaus seine individuelle Konstitution zu wissen, daß daraus sein tatsächliches Verhalten etwa als Naturforscher deduziert werden könnte, bliebe dabei immer noch das Problem ungelöst, ja sogar völlig unberührt, woher dafür die Wahrheitskriterien kommen, d. h., wieso diese fiktiven Erklärungsmöglichkeiten als Erkenntnisse und nicht etwa als bloße Meinungen einer szientistischen Religion oder gar als absurder Irrtum anzusehen seien.

Damit ist die Kritik an allen naturwissenschaftlichen Bemühungen, die unter der Bezeichnung Physiologismus zusammengefaßt werden können, genannt. Ohne Frage geschehen bei jedem im traditionellen Vorverständnis als Erkenntnisleistung ausgezeichneten Vorgang physische Abläufe im menschlichen Leib, die naturwissenschaftlich untersucht und erklärt werden können (und zu therapeutischen Zwecken auch sollen). Aber ob aus solchen Abläufen Erkenntnisse erwachsen oder nicht, kann daraus nicht ersehen werden, weil auch alle Erkenntnisfehlleistungen (und alle diffusen Zwischenkandidaten wie Vermutungen, Meinungen, Sinnestäuschungen usw.) im selben Sinne Leistungen der organismischen Maschinerie sind. Nach der Maxime, daß nicht wahr sein kann, was nicht auch falsch sein kann, muß sich der Physiologismus zur Erklärung der Erkenntnisleistungen der Herausforderung stellen, Erkenntnis und Irrtum zu unterscheiden, und dies selbst als Erkenntnis und nicht irrtümlich. Das heißt, er benötigt von Anfang an Kriterien für die Unterscheidung von Erkenntnis und Irrtum, liefert sie jedoch nicht.

(Es kann hier nur auf die Literatur verwiesen werden, wie es zu einem Menschenbild kommen konnte, in dem Erkenntnisse Leistungen einer organismischen Maschinerie sind, die dann „irgendwie" in die geistige, ideelle Sphäre umschlagen und bewußtes Erkennen werden. Besonders eindrücklich wird dies in der Neuen Phänomenologie von H. Schmitz dargelegt, der Platon als den Urheber dieses Mißverständnisses der „abendländischen Intellektualkultur" dafür verantwortlich macht.)

Mit der vorstehenden Kritik an den Versuchen des Physiologismus (und seiner szientistischen Unterstützung) soll keineswegs, wie bereits mehrfach angemerkt, eine philosophische Kritik an Organismustheorien, an Physiologie oder Hirnforschung schlechthin geübt werden; und noch nicht einmal sind ihre Leistungen in Frage zu stellen, wo es um Erklärung und Therapiemittel geht, Erkenntnisfehlleistungen auf physische Ursachen zurückzuführen und nach Möglichkeit zu beheben. Denn dort wird als gesichert investiert, was „die richtige" Erkenntnisleistung, das „wahre" oder „zutreffende" Erkenntnisresultat ist. Gäbe es keine zutreffenden Erkenntnisse z.B. über den Unterschied von Scharfsichtigkeit und Kurzsichtigkeit, oder sogar von sehend und blind, und gäbe es nicht die Gewißheit, daß der Scharfsichtige und nicht der Fehlsichtige, der Sehende und nicht der Blinde das zu Sehende richtig oder wenigstens besser sieht, gäbe es auch kein Explanandum, keine zu erklärende Erkenntnisleistung. Kurz, für „das Erkenntnisproblem" ist festzuhalten, daß die Explananda, die zu erklärenden Leistungen des erkennenden Subjekts, selbst immer schon erkannt sein müssen.

Im folgenden Abschnitt wird sich zeigen, daß besonders bei den evolutionsbiologischen Erklärungsversuchen neben dem Körper-Geist-Problem des Physiologismus das Realismusproblem wieder aus der historischen Versenkung auftaucht und diese besondere Variante der Naturalisierung beeinflußt.

3. Evolutionismus

Der qualitative Sprung vom Physiologismus zum Evolutionismus liegt darin, daß nun die Biologie mit einer Naturgeschichtsschreibung ins Spiel kommt. In diesem Zusammenhang wird der Mensch als Gattungswesen betrachtet, während der Physiologe so wenig wie der Arzt das Problem hat, erst einmal zu definieren, was er unter „Mensch" verstehen möchte. (Grenzprobleme im Zusammenhang mit moralischen und rechtlichen Fragen der Abtreibung, bei denen es um den Zeitpunkt der Embryonalentwicklung geht, ab dem die Leibesfrucht als Mensch anzusehen ist, spielen hier, wo es um den Menschen als erkenntnisgewinnendes Subjekt geht, keine Rolle.)

Die Fachbiologie ist mit ihren Definitionsbemühungen zu den Begriffen von Art und Gattung noch keineswegs zu einheitlichen Auffassungen gekommen, zumal wenn diese Begriffe nicht nur auf das Tierreich, sondern auch auf das Pflanzenreich und vor allem auf Mikroorganismen, auf Einzeller, auf Viren und andere Lebensformen ausgedehnt werden sollen. Aber diese theoretischen Probleme spielen zunächst einmal für die hier anstehende evolutionsbiologische Erklärung von Erkenntnisleistungen kaum eine Rolle. Denn wie immer die Entstehungsgeschichte des homo sapiens sapiens geschrieben wird, es bleibt dabei das Erklärungsziel, die heute vorfindliche Einteilung des Lebendigen mit einer Entstehungsgeschichte zu unterlegen, die aus (heute gefundenen und anerkannten!) naturwissenschaftlichen Kausalzusammenhängen ein damit verträgliches Entstehungsmodell verknüpft. Die Biologen haben also mit der Tatsache fertig zu werden, daß sie nicht höchstpersönlich bei der Evolution dabei waren und diese naturwissenschaftlich beobachten konnten. Vielmehr wird eine nicht beobachtete Entwicklung (und ihre Gegenstände) aus den heute vorfindlichen Verhältnissen mit Hilfe der heute anerkannten Bestände naturwissenschaftlichen Kausalwissens hypothetisch rekonstruiert.

Dies ist sicher das rationalste Verfahren, das in der Naturgeschichtsschreibung gewählt werden kann; es kann aber nicht darüber hinwegtäuschen, daß z.B. „die Selektion des Überlebensfähigsten" nicht selbst etwa eine empirische Behauptung, sondern ein apriorisches Erklärungsprinzip ist. Es ist der geniale Gedanke

Darwins (1809–1882), das heute Vorfindliche als das „Überlebt-habende" zu betrachten und in einem hypothetischen Modell nach Analogie menschlichen Züchtungshandelns zu erklären (wobei „Mutationen", d. h. Verschiedenheiten von Individuen in der Generationenfolge eine durch Beobachtung gesicherte Voraussetzung für die Anwendbarkeit des Selektionsprinzips sind).

Hier kann und soll nicht weiter auf die Wissenschaftstheorie der Biologie eingegangen werden. Nur darf für ein Verständnis und eine Beurteilung evolutionärer Erkenntnistheorien nicht vergessen werden, auf welchen biologischen Annahmen, Prinzipien, Theorien und empirischen Wissensbeständen diese aufbauen. Wer also das „Überlebthabende" bezüglich seiner Erkenntnisvermögen auf einen „erfolgreichen" Anpassungsprozeß der erkenntnisrelevanten organismischen Ausstattung zurückführt, muß sich im klaren bleiben, daß dies nicht etwa ein Fundus empirisch gesicherter Behauptungen ist, sondern ein in die Evolutionsbiologie investiertes Erklärungsprinzip. (Prinzipien sind in der Wissenschaft wie im sonstigen Leben weder wahr noch falsch, sondern haben handlungsanleitenden Charakter und sind als solche rechtfertigungspflichtig.)

Fassen wir den Blick auf die Evolutionsbiologie zusammen, so zeigt sich: Die Evolutionsbiologie schreibt eine Naturgeschichte, die das Lebendige in seiner heute vorfindlichen und von Biologen nach frei gewählten Kriterien beschriebenen Form als Ergebnis eines natürlichen Entstehungsprozesses zu erfassen versucht. Dieser natürliche Entstehungsprozeß wird im Prototyp der Darwinschen Theorie als Zusammenwirken von Mutation und Selektion nach dem Vorbild des Züchtungshandelns gefaßt: Wie die von Darwin beobachteten Tauben- und Orchideenzüchter durch Förderung oder Verhinderung von Fortpflanzung erwünschte Eigenschaften zu verstärken oder zu unterdrücken suchten, so seien es vorteilhafte oder nachteilige Eigenschaften von Organismen relativ zu ihren Umwelten, die ihren Fortpflanzungserfolg (Zahl der fortpflanzungsfähigen Nachkommen, erkennbar an der Zahl der Enkel) begünstigten oder benachteiligten. Ungeachtet vieler weiterer Differenzierungen der evolutionsbiologischen Theoriebildung ist es dieses grobe Modell, das hinreicht, das Wort „Anpassung" verständlich zu machen. Wer überlebt hat, ist im Sinne dieser Theorie per definitionem angepaßt – sonst hätte er nicht überlebt.

Die Pointe evolutionistischer Erklärungen der Erkenntnis ist nun, dieses gesamte Modell auch speziell auf die „erkenntnisgewinnenden" Organe und Organleistungen zu übertragen. Wer z.B. in seiner Wahrnehmung bei der Flucht vor Freßfeinden oder bei der Jagd nach Beute zu langsam oder zu fehlerhaft ist, gerät ins Hintertreffen gegenüber leistungsstärkeren Konkurrenten. Dem Leser wird nun schon wie selbstverständlich auffallen, daß man für diese erkenntnistheoretische Ausbeutung der Evolutionsbiologie (genau wie in der Physiologie) schon wissen muß, wie man „Erkenntnisleistungen" von anderen Leistungen (wie dem Hervorbringen eines Geweihs) unterscheidet. Eindrucksvoll hat der Nobelpreisträger für Biologie, Konrad Lorenz, in seinem Buch „Die Rückseite des Spiegels" dazu eine Theorie entworfen, die als Naturgeschichte des Erkenntnisvermögens verstanden werden will und im Rückblick naturgeschichtlicher Art – wohlgemerkt an heute vorfindlichen Formen des Lebens – so etwas wie eine Entstehungsgeschichte des Erkenntnisvermögens vom Einzeller bis zum Kulturmenschen zu rekonstruieren versucht.

Dieses Buch und sein Ansatz sind ein geniales Lehrstück – nicht zuletzt für ein konsequentes Irregehen. Dabei hat Konrad Lorenz, wie oben bereits im Zusammenhang mit den kontroversen Einschätzungen des Geltungsproblems der Geometrie erwähnt, seinen Ansatz bis zur Anwendung auf die Theorie Kants zum synthetischen Apriori ausgebaut (Lorenz war ein später Nachfolger Kants auf dessen Lehrstuhl in Königsberg). Danach ist, wie oben kurz erwähnt, das synthetische Apriori Kants als Aposteriori der Stammesgeschichte zu verstehen. Das heißt, was nach Kant die notwendigen Bedingungen der Möglichkeit unserer Sinneserfahrung sind, also die geometrischen und phoronomischen (von Phoronomie, Bewegungslehre) Ordnungsprinzipien unserer räumlichen und zeitlichen Wahrnehmung, ist nach Lorenz ein „angeborener Weltbildapparat". Solche angeborenen Erkenntnismuster hätten sich, so Lorenz, im Entwicklungsgeschehen des Lebendigen als die erfolgreichsten herausgebildet.

Der Leser möge aber beachten, daß dies noch nicht die ganze These der evolutionären Erkenntnistheorie im Sinne von Lorenz ist, daß sie sich also nicht damit begnügt, gleichsam empirisch festzustellen, wie die menschlichen raumzeitlichen Orientierungs- und Erkenntnismuster sind; vielmehr bedeutet die Interpretation dieser Erkenntnismuster als Ergebnis eines Anpassungsprozesses darüber hinaus, daß eine menschenunabhängige Wirklichkeit der Maßstab ist, an dem das besser Angepaßte vom schlechter Angepaßten unterschieden wird. Mit anderen Worten, Anpassung als das „Aposteriori der Stammesgeschichte" fungiert hier als erkenntnistheoretisches oder Wahrheitskriterium: Die angeborenen, herausgemendelten Erkenntnismuster könnten nicht genauso gut auch ganz anders sein, sondern sind historisch so geworden, wie sie nun einmal sind, weil sie bestmöglich auf die Wirklichkeit passen. Diese Auffassung, die Konrad Lorenz mit Bezügen auf die Philosophie Karl Poppers (1902–1994) einen „Kritischen Realismus" nennt und evolutionsbiologisch untermauern zu können glaubt, hat gerade dadurch ihr Ziel verfehlt, daß dieses so hoch gesteckt hat, wahr und falsch, Erkenntnis und Irrtum unterscheiden zu wollen. Man kann es nämlich drehen und wenden wie man möchte: Das schon in Kapitel II besprochene, erkenntnistheoretische Realismusproblem taucht auch hier wieder auf. Abbildtheorien der Erkenntnis mit empiristischen oder szientistischen Begründungen müssen über „die Wirklichkeit" immer mehr behaupten, als ein Mensch nach angebbaren Kriterien im Unterschied von wahr und falsch wissen kann, müssen immer einen menschenunabhängigen, gottähnlichen Erkenntniszugang zur menschenunabhängigen Realität annehmen.

Im Vordergrund sollen deshalb jetzt modernere, gegen philosophische Einwände besser verteidigte Varianten der evolutionären Erkenntnistheorie stehen als die von Konrad Lorenz. Für diese bleibt lediglich festzuhalten, daß sie mit mehreren Bürden belastet ist:

– Alle Einwände gegen evolutionsbiologische Theorien aus wissenschaftstheoretischer Sicht betreffen auch deren Spezialfall der evolutionären Erkenntnistheorie (was hier nicht weiter verfolgt werden kann).

– Die Hierarchie der Erkenntnisvermögen, die Konrad Lorenz darstellt, ist nicht etwa chronologisch an die evolutionsbiologisch behaupteten Differenzierungsstadien der Lebewesen gebunden, sondern an heute vorfindlichen und beobachtbaren Organismen studiert worden. Es muß also zumindest zusätzlich angenommen werden, daß z.B. die heute studierten Einzeller sich so verhalten, wie es irgendwelche Einzeller im

Frühstadium der Besiedelung der Erde mit Lebewesen getan haben – ein prinzipiell durch Beobachtung nicht entscheidbarer Zusammenhang.

– Die Annahme einer Anpassung an wirkliche Verhältnisse kann als These nur einen Sinn haben, wenn diese wirklichen Verhältnisse selbst bekannt sind. Das heißt aber, daß der evolutionäre Erkenntnistheoretiker die Anpassung des menschlichen Erkenntnisapparats an eine Wirklichkeit behauptet, die er selbst in ihren Eigenschaften erkannt haben muß. Hier tut sich ein Zirkelproblem auf, das erst in neueren Ansätzen zu beheben versucht wurde. Deshalb wenden wir uns diesen Ansätzen zu.

Zunächst sei noch einmal der Grundgedanke einer „evolutionären Erkenntnistheorie" wiederholt, der immerhin attraktiv genug ist, nicht nur bei einer großen Zahl von Laien, sondern auch bei der Mehrheit der Naturwissenschaftler Zustimmung zu finden: Wenn es überhaupt so etwas wie einen naturgeschichtlichen Anpassungsprozeß von Organismen an Umwelten gibt durch Mechanismen, wonach die weniger angepaßten Individuen schlechtere Überlebens- und Fortpflanzungschancen haben, so gilt dies umso mehr für Erkenntnisfähigkeiten, die zu erfolgreichem Verhalten im Sinne von Überleben und Fortpflanzung führen oder es wenigstens begünstigen. Zu solchen Erkenntnisfähigkeiten zählen die klassischen Sinneswahrnehmungen genauso wie die (via Nervensystem) angeborenen, stammesgeschichtlich erfolgreichen Schemata von Raum, Zeit und Kausalität, in denen Sinneswahrnehmungen geordnet und interpretiert werden. Das evolutionstheoretische Kernbekenntnis lautet: Wer die Welt besser, d.h. richtiger erkennt als Konkurrenten, hat bessere Überlebenschancen. Oder noch radikaler: Wer überlebt hat, hat die Welt (hinreichend) richtig erkannt – sonst hätte er nicht überlebt.

Diese suggestiven Bilder vom Erkenntnisvermögen, das an das zu Erkennende (hinreichend) gut angepaßt ist, bieten sich freilich nur einem Beobachter, der die Beziehung zwischen erkenntnisgewinnendem Subjekt und erkanntem Objekt als Ganzes in den Blick nimmt. Hier haben wir wieder den zu Beginn dieses Buches beschriebenen Theoretiker, der die Praxis des Erkennens (z.B. in der Sinneswahrnehmung) als Zuschauer miterlebt. Und philosophisch stellt sich die Frage: Ist das, was ein solcher Theoretiker zu beobachten meint, selbst eine Erkenntnis?

Tatsächlich haben die evolutionären Erkenntnistheoretiker eine solche philosophische Frage überhaupt nicht gern. Sie tadeln es einen philosophischen Taschenspielertrick, die evolutionäre Erkenntnistheorie auf sich selbst anzuwenden und zu fragen, durch welche Anpassungsvorgänge denn nun die Leistung des „evolutionären Erkenntnistheoretikers" zustande komme, seine Theorie als angepaßt an eine vorgefundene, natürliche Welt des Erkennens auszuweisen. Da hängt es dann ganz von den ausdrücklich erhobenen Ansprüchen dieser Erkenntnistheorien ab, ob sie eine Selbstanwendung mit guten Gründen ausschließen oder nicht. Wo nicht, ist es legitim (übrigens wie bei jeder Theorie, die eine solche Selbstbezüglichkeit überhaupt zuläßt), die Geltung von Behauptungen oder die Einlösung von Ansprüchen auf sich selbst anzuwenden und so zu überprüfen, ob sie dabei nicht mit sich selbst in Widerspruch gerät. (Die Kritiker evolutionsbiologischer Erkenntnistheorien geben den Vorwurf, sie würden Taschenspielertricks anwenden, an seine Absender zurück, das gilt z.B. für die Behauptung: wenn im Evolutionsprozeß wissenschaftlicher Theorien die evolutionäre Erkenntnistheorie als nicht überlebensfähig untergegangen sein werde, habe sie dadurch ihr eigenes Selektionsprinzip als gültig erwiesen.)

Philosophisch gewitztere Vertreter einer Evolutionsbiologie der Erkenntnis schließen den Einwand, dieser Ansatz würde sich nicht einmal selbst erklären bzw. mit sich selbst sogar in Widerspruch stehen, dadurch aus, daß sie nur bestimmte Erkenntnisleistungen evolutionsbiologisch erklären, andere aber den Kulturleistungen überlassen wie z.B. der Mathematik, der Logik und den Naturwissenschaften. Diese philosophisch ernster zu nehmenden Vorschläge betrachten nur die organismischen Dispositionen im engeren Sinne, wie sie uns z.B. in den alltäglichen Formen des Wahrnehmens und Verhaltens etwa raumzeitlicher Orientierung beim Hantieren und Herumgehen begegnen.

Dadurch soll auch das oben genannte Problem umgangen werden, wie denn der Erkenntnistheoretiker die Angepaßtheit von Erkenntnisvermögen an die zu erkennende Welt behaupten könne, wenn er selbst dafür die Welt ja erkannt haben müsse, also sich eben dieser Angepaßtheit bereits bediene und damit zu einem fehlerhaften Begründungszirkel käme. Das Argument gegen diesen Einwand lautet: Wie die Welt ist, wissen wir über die Alltagserfahrung hinaus aus den Naturwissenschaften. Mehr noch, die Naturwissenschaften würden nur im Größenbereich unserer alltäglichen Sinneserfahrungen und Verhaltensweisen mit diesen übereinstimmen, nicht jedoch im Bereich des ganz Kleinen und des ganz Großen, also der Physik und Chemie der Atome und Moleküle („Mikrokosmos") einerseits und den physikalischen Verhältnissen in anderen Welten, Galaxien, Galaxiensystemen des Kosmos („Makrokosmos") andererseits. Deshalb spricht man von einem „Mesokosmos", also einer Welt mittlerer Größe, in der die klassische Physik mit der euklidischen Geometrie Bewegungen und Kräfte von Körpern richtig beschreibt (G. Vollmer). Dagegen beschreibt die Quantenphysik Wechselwirkungen von Elementarteilchen und die relativistische Physik Verhältnisse für Objekte, die erst ab einer Größe von ein paar Lichtjahren die Fachwissenschaft zu interessieren beginnen. Danach seien Menschen nur an den Mesokosmos in ihrem Erkenntnisvermögen angepaßt.

Für „das Erkenntnisproblem" ist dieser Versuch, einer Zirkelargumentation der Evolutionsbiologie des Erkennens zu entfliehen, in zweifacher Hinsicht lehrreich:

– In diese Erkenntnistheorie werden Ergebnisse der modernen Naturwissenschaften, vor allem wieder der Physik und ihrer Auffassungen von Raum, Zeit und Kausalität, investiert. Wenn deren Ergebnisse keine Erkenntnisse wären, hätte auch die daran anschließende Form der evolutionären Erkenntnistheorie keine Grundlage mehr. Mehr noch, nicht nur die Anerkennung der Ergebnisse der modernen Physik als Erkenntnisse wird in die Evolutionsbiologie des Erkennens investiert, sondern auch noch deren erkenntnistheoretische Interpretationen. Gemeint ist hier das oben besprochene Problem, ob mit euklidischen Meßgeräten die nicht-euklidische Struktur des kosmischen Raumes erkennbar sei. Die evolutionäre Erkenntnistheorie diesen Typs will also sogar erklären, wieso wir die „wirkliche" Raum-Zeit-Struktur der relativistischen Physik im Alltag nur angenähert richtig, nämlich im Sinne der klassischen Physik, erkennen. Hieran zeigt sich besonders eindrucksvoll, daß diese Erkenntnistheorie keineswegs eine rein biologische Theorie oder gar ein Teil der Naturwissenschaften ist. Sie ist vielmehr eine Folgerung aus einer bestimmten, fehlerhaften szientistischen Wissenschaftstheorie. Diese Form der evolutionären Erkenntnistheorie müßte zu ihrer eigenen Verteidigung belegen können, wie denn die Auszeichnung naturwissenschaftlicher Resultate und deren szientistische Interpretation mindestens mit der Evolutionsbiologie des Erkennens verträglich, besser noch, wie sie durch diese gerechtfertigt wäre. Einen solchen Versuch hat, aus guten Gründen, bisher auch der optimistischste Vertreter der Evolutionsbiologie des Erkennens nicht unternommen.

- Für die Formen des mesokosmischen Erkennens bleibt die beim Physiologismus schon diskutierte Schwierigkeit, daß ja auch alle Irrtümer, Sinnestäuschungen, Fehlschlüsse usw. mesokosmische Organismusleistungen sind. Das heißt aber, daß die evolutionäre Erkenntnistheorie ein Unterscheidungskriterium für wahr und falsch, für Erkenntnis und Erkenntnisfehlleistung in die Erklärung des angeborenen Erkenntnisvermögens investieren muß. Das sieht selbstverständlich auch jeder Laie: Wer z.B. von einer Sinnestäuschung spricht, muß erstens das Täuschende begründet von dem täuschungsfrei Wahrgenommenen, etwa durch Messung Kontrollierten unterscheiden. Es muß also schon Erkenntnis von Täuschung als gültig, richtig oder wahr abgehoben sein. Dabei sind aber zweitens wieder bestimmte Erkenntnisleistungen der beteiligten Menschen erforderlich; und diese sind unhintergehbar. Denn auch wer mißt, um eine Wahrnehmung als Sinnestäuschung auszuweisen, setzt darauf, daß die Wahrnehmungen an den Meßgeräten, die Ablesungen von Zeigerstellungen oder auch nur das Zusammenfallen von Marken bei der Längenmessung oder einer Linealkante mit einer gezeichneten Linie wieder durch Sinneswahrnehmung möglich sind und zutreffen.

Als Resümee läßt sich deshalb für die evolutionären Erkenntnistheorien festhalten:

- Keiner der Ansätze verdient den Namen „Erkenntnistheorie", weil sie den Unterschied von Erkenntnis und Irrtum nicht definieren können. Vielmehr setzen sie diesen Unterschied bereits dadurch voraus, daß sie entweder eine menschenunabhängige Wirklichkeit als bereits erkannt annehmen oder den Naturwissenschaften diese Erkenntnis zuschreiben.
- Wo die Naturwissenschaften das evolutionsbiologische Zirkelproblem beheben sollen, eine Anpassung an die Wirklichkeit

nur für eine bereits erkannte Wirklichkeit behaupten zu können, wird übersehen, daß auch naturwissenschaftliche Verfahren eine Unterscheidung von gelingenden und mißlingenden Wahrnehmungen an Meß-, Beobachtungs- und Experimentierapparaturen in Anspruch nehmen. Das heißt, der Umweg über die Naturwissenschaften macht nicht wirklich frei von der Anbindung an die Erkenntnisvermögen der beteiligten Menschen.

– Die Theorie von der mesokosmischen Beschränktheit des menschlichen Erkenntnisvermögens ist überhaupt nur semantisch sinnvoll formulierbar, wenn von den Naturwissenschaften für mikrokosmische und makrokosmische Theorien eine Geltung beansprucht wird, die Vorrang hat vor der mesokosmischen Erkenntnis. Das heißt, sie belastet sich auch noch mit den szientistischen Mißverständnissen naturwissenschaftlicher Verfahren, wie sie am Verhältnis von euklidischen Meßgeräten und nicht-euklidischen Raumtheorien erläutert wurden.

– Evolutionäre Erkenntnistheorien sind, entgegen einem geläufigen Verständnis dieser Ansätze, weder innerbiologische noch innernaturwissenschaftliche Theorien von der naturgeschichtlichen Entstehung des menschlichen Erkenntnisvermögens, sondern beruhen auf fragwürdigen Philosophien über eine menschenunabhängige Wirklichkeit einerseits, über die Erkenntnis der Natur durch die Naturwissenschaften andererseits.

– Alle evolutionären Erkenntnistheorien investieren bereits wahr-falsch-Unterscheidungen (und die zugehörigen Kriterien), liefern jedoch keine. Das heißt, sie bieten, entgegen ihrem Selbstverständnis, keine Antwort auf die Frage, was Erkenntnis sei, sondern setzen stillschweigend eine Antwort voraus.

Dennoch ist hier eine weitere Variante einer sich selbst „biologisch" verstehenden „Erkenntnistheorie" zu diskutieren, weil sie einerseits einem anderen Fach, nämlich der Psychologie, zugerechnet wird, und weil sie andererseits die grundlegende Philosophie für eine von der Verbreitung her höchst erfolgreiche Strömung geworden ist: die „genetische Erkenntnistheorie" des Entwicklungspsychologen Jean Piaget (1896–1980) und ihre Fortsetzung im „Radikalen Konstruktivismus".

Piaget, der ein umfangreiches wissenschaftliches Werk hinterließ, hat sich zeitlebens als Entwicklungspsychologe mit der Entstehung des Erkenntnisvermögens des Menschen befaßt. In zahlreichen Studien, die teilweise durch sorgfältige Beobachtungen an den eigenen Kindern entstanden sind, beschreibt Piaget die Entwicklung der Intelligenz, und zwar an konkreten Beispielen, wie der Entwicklung des Zahl- oder des Volumenbegriffs beim Kind.

Der Grundgedanke seines Ansatzes ist, daß es zwei unterscheidbare Anpassungsprozesse in der allmählichen Entwicklung kognitiver Fähigkeiten vom Neugeborenen bis zum Erwachsenen gibt: einmal die „Assimilation" der Wahrnehmungsgegenstände entsprechend den vorliegenden Wahrnehmungsfähigkeiten; und zum anderen die „Akkomodation" des Wahrnehmungsvermögens selbst an das Wahrnehmungsangebot. Schon die Wortwahl ist aufschlußreich. Assimilation, wörtlich Ähnlichmachung, ist zunächst ein biologischer Fachausdruck für den Prozeß der Fotosynthese bei grünen Pflanzen, dann allgemeiner für das Auswerten eines Nahrungsangebotes nach den jeweiligen Bedürfnissen und Fähigkeiten eines Organismus. In der Verdauung eines Säugetiers wird assimiliert, was dieses zur Aufrechterhaltung seiner Lebensfunktionen aus der Nahrung aufnehmen kann. Die Übertragung auf einen Erkenntnisvorgang wie das Wahrnehmen durch Piaget wird also interpretiert als das Herausziehen des für den individuellen Organismus Zugänglichen und Nützlichen aus dem vorhandenen Reizangebot.

Dieser Organismus-Umwelt-Wirkungsrichtung entgegengesetzt wird die Anpassung der Assimilationsfähigkeiten, „Akkomodation" genannt mit einem Fachausdruck, der aus der Physiologie des Sehens stammt und bedeutet, das Auge der Entfernung des betrachteten Objekts anzupassen. (Man denke etwa an das Scharfstellen eines Fotoapparats nach der Entfernung.) Die Theorie Piagets sieht also eine Korrektur des Erkenntnisvermögens durch einen Lernprozeß an der Realität, dem Reizangebot vor, der seinerseits zu veränderten Assimilationsprozessen führt.

Diese beiden Prozesse der Anpassung der Wirklichkeit an das erkennende Subjekt und des Subjekts an die Wirklichkeit können ein Stadium der „Äquilibration", also der Ausgewogenheit erreichen, in denen sozusagen ein (spezielles) Erkenntnisvermögen stabil bleibt, jedenfalls für eine bestimmte Zeit. Piaget beschreibt nun die Bildungsgeschichte des Individuums als eine Abfolge solcher Stadien der Äquilibration, die nach Phasen der Stabilität durch Konfrontation mit unpassenden Eindrücken aus dem Gleichgewicht geraten können, um einem neuen Gleichgewicht zuzustreben. In der Abfolge solcher Stadien stehen am Anfang die angeborenen sensomotorischen Fähigkeiten des Menschen. Sie verläuft in einem stufenförmigen Entwicklungsprozeß der Intelligenz über die Verinnerlichung von Bewegungen und Handlungen durch Sprache bis hin zu symbolischen und formalen Operationen. Piaget erwähnt programmatisch auch eine soziogenetische neben einer psychogenetischen Entwicklungsgeschichte, also die Entstehung von Erkenntnis als gemeinschaftlichem Prozeß neben dem im einzelnen Individuum ablaufenden Bildungsprozeß, führt dies aber nicht aus.

Für „das Erkenntnisproblem" ist erheblich, daß auch Piaget seine Theorie als Gegenentwurf gegen die Auffassung Kants vom synthetischen Apriori ansieht und eine Erfahrungswissenschaft an ihre Stelle setzen möchte – in dieser Hinsicht ähnlich den Absichten von Konrad Lorenz, wenn auch mit prinzipiell anderen Mitteln.

Völlig offen bleibt an der Entwicklungspsychologie Piagets, wodurch die zu lernenden oder zu bildenden Strukturen unseres Erkenntnisvermögens, sozusagen die Entwicklungsziele, ausgezeichnet sind. Wenn es etwa um den Zahl- oder den Volumenbegriff geht, wird einfach unterstellt, das Ziel der Akkomodation seien die von den Wissenschaften der Arithmetik und der Geometrie anerkannten Sätze über Zahlen und Volumina als die richtige Erkenntnisvorgabe. Diese Auswahl der Erkenntnisziele, von denen her Piaget als wissender Erwachsener den beobachteten Kindern gegenübertritt, wird durch nichts gerechtfertigt. Sie ist so wissenschaftsgläubig oder szientistisch wie die oben besprochenen evolutionären Erkenntnistheorien auch.

So ist es auch nicht überraschend, daß die „genetische Erkenntnistheorie" Piagets mit denselben Problemen zu kämpfen hat (und sie schließlich nicht lösen kann), wie der Physiologismus und der Evolutionismus: Es muß immer schon vorab gewußt sein, wie Erkenntnis und Irrtum zu unterscheiden sind, wie von „wahr" und „falsch" als Bewertung individueller Leistungen gesprochen werden kann. Das heißt, auch hier gilt, daß die genetische Erkenntnistheorie in Wahrheit keine Erkenntnistheorie ist, sondern eine solche bereits als verfügbar voraussetzt und in Anspruch nimmt. Ungeachtet der großen Verdienste, die Piaget für die Entwicklungspsychologie dadurch erworben hat, daß er die Konstruktivität des Erkennens und die Dynamik des Erkenntnisvermögens erkannt hat, bleibt seine Psychologie, wenn sie nicht ihren Gegenstand völlig verlieren will, von vorgängigen Antworten darauf abhängig, was Erkenntnis ist.

Neben dem Einfluß, den Piaget auf die Entwicklungs- und Kognitionspsychologie genommen hat, ist in den letzten Jahrzehnten seine Wirkung auf den sogenannten Radikalen Konstruktivismus von Bedeutung. Da dieser ebenfalls mit dem Anspruch auftritt, eine Lehre von Wissen und Erkenntnis bereitzustellen, schließen wir diesen Abschnitt über den Evolutionismus mit einem Blick auf diese Richtung ab.

Die Bezeichnung „Radikaler Konstruktivismus" stammt von Ernst von Glasersfeld, der im direkten Anschluß an Piaget die Konstruktivität menschlichen Erkennens von den allerersten Wurzeln her (daher „radikal" von radix, die Wurzel) erklärt. Zusammen mit anderen Exponenten dieser Form des Konstruktivismus wie Ernst von Foerster, Umberto Maturana und Francisco Varela kritisiert der Radikale Konstruktivismus jede Form der Abbildtheorie der Erkenntnis als metaphysisch und unwissenschaftlich. Statt dessen wird die Konstruktivität der Erkenntnis wie des Erkenntnisvermögens mit psychologisch- und biologisch-naturwissenschaftlichen Mitteln behauptet. Bei Maturana und Varela treten dabei systemtheoretische Beschreibungsmittel zu den als unproblematisch unterstellten biologischen Wissensbeständen über den Organismus und vor allem über das Zentrale Nervensystem hinzu. In zugespitzter Form wird Erkenntnis der Außenwelt, dann allgemeiner jede Erkenntnis als Konstruktion des Hirns interpretiert. Dabei werden Verbindungen zwischen anerkannten Wissensbeständen der Hirnforschung und alltäglichen, psychologischen und philosophischen Auffassungen von Erkenntnis hergestellt, wie das Beispiel der Erinnerung zeigen soll:

Um dem Hirn einen Zustand zuzuschreiben, den man alltagssprachlich als eine Erinnerung der betreffenden Person an ein Ereignis bezeichnen würde, muß ein Beobachter das Verhältnis von Hirn, Person und vergangenem Ereignis herstellen, d.h. beobachten. Erinnerung ist also nicht isoliert als ein bestimmtes Erregungsmuster im Hirn auszumachen, sondern nur als Relation eines solchen Musters zu einem außerhalb des betreffenden Organismus liegenden Ereignis, das seinerseits selbstverständlich schon wieder ein beobachtetes sein muß. In einer solchen Schachtelung von Teilsystemen mit einer Iteration von Beobachtern soll schließlich Erkenntnis als hochkomplexe Struktur der Wechselwirkung von Teilsystemen rekonstruiert werden, für die letztlich eine funktionale Erklärung bis auf das Hirn zurückführt.

Mit Ausnahme eines an die Literatur- und Medienwissenschaften gebundenen Flügels des Radikalen Konstruktivismus (Siegfried J. Schmidt) sind seine Vertreter allesamt Szientisten und Naturalisten. Einerseits investieren sie Wissensbestände aus physiologischen und biologischen Forschungen mit der Unterstellung der Gültigkeit in ihren Ansatz, andererseits ist die Naturalisierung der Erkenntnis perfekt, weil sogar jede in Sprache und kulturgeschichtlicher Überformung entstehende Erkenntnis letztlich nichts anderes ist als ein Erzeugnis der Hirntätigkeit.

Damit übernimmt der Radikale Konstruktivismus aus seinen Anschlüssen entweder an die Piagetsche Entwicklungspsychologie oder an biologische Organismus- und Hirntheorien das Erbe von Physiologismus und Evolutionismus: Was Erkenntnistheorie sein will, setzt voraus, daß Ergebnisse der Naturwissenschaften Erkenntnisse sind. Außerdem gibt er für die Leistungen der Erkenntnissubjekte vor, bei welchen Zielen die Entwicklungsprozesse von Individuen oder die Konstruktionsprozesse von Hirnen ankommen müssen, um Erkenntnisse zu sein. Die Folgen sind dieselben wie bei den früher besprochenen Beispielen: Eine definitorische, mit Kriterien ausgestattete Unterscheidung von Erkenntnis und Irrtum findet nicht statt. Sie wird vielmehr als bereits verfügbar unterstellt. Und als Erklärungsmittel werden Wissensbestände der Naturwissenschaften herangezogen, ohne daß noch die Anliegen historisch-traditioneller Erkenntnistheorien von Philosophen ernst genommen würden, an historisch vorfindliche Wissenschaften kritisch die Frage zu richten, welche Erkenntnisse sie mit welchen Mitteln erarbeitet hätten.

Zusammenfassend läßt sich für szientistische, physiologistische und evolutionistische Ansätze, und bei letzteren für die evolutionsbiologischen, die entwicklungspsychologischen und die radikal-konstruktivistischen ersehen, wieso alle diese Versuche eine „Naturalisierung" der Erkenntnis (bzw. des Erkenntnisvermögens) anstreben: Auf dem (szientistischen) Umweg, die Geltungsansprüche naturwissenschaftlicher Theorien wiederum mit naturwissenschaftlichen Mitteln sichern zu wollen, machen die Naturwissenschaften vom Menschen diesen als erkennendes Subjekt zum Objekt naturwissenschaftlicher Beschreibungs- und Erklärungsmethoden. Ob als Organismusmodell, als informationsverarbeitende Nervenmaschine, als Evolutionsprodukt oder biographisches Entwicklungsprodukt, immer sind es die Verfahren naturwissenschaftlicher Beobachtung, Messung und Experimentaluntersuchung, die zu Erkenntnissen führen bzw. diese erklären sollen.

Dabei zeigt sich, daß „das Erkenntnisproblem", also die Unterscheidung von Erkenntnis und Irrtum sowie die Darlegung unterscheidender Kriterien, als Aufgabe nicht mehr gesehen wird. Die Naturwissenschaften haben das Erkenntnisproblem durch Übernahme in ihren Untersuchungsbereich gewissermaßen selektionstheoretisch zum Verschwinden gebracht. Die Bewertung von Organismusleistungen als Erkenntnisleistungen (im Sinne der Frage, warum Sinnesorgane und Hirn, nicht aber Leber und Nieren erkenntnisgewinnende Organe seien) bleiben dem Alltagsverständnis überlassen.

Waren die ersten Erkenntnistheoretiker der griechisch-antiken Philosophie noch an der Unterscheidung von Erkenntnis und Irrtum durch Begründung interessiert, so ist durch die Naturalisierung der Erkenntnis die Entstehungsprozedur, der Erkenntnisgewinnungsvorgang in den Vordergrund getreten und zum Untersuchungsgegenstand geworden. Der Sprung von der Bewertung der Resultate zu den Prozeduren ihrer Erzeugung ist dabei aber nicht als fruchtbares Wechselverhältnis zweier Fragestellungen erhalten geblieben, wonach die Prozeduren die Entstehung von Resultaten erklären sollen, deren Erkenntnischarakter vorher durch Kriterien ausgewiesen ist. Vielmehr ist der Entstehungszusammenhang allein übrig geblieben. Der Begründungszusammenhang wurde aus dem Auge verloren.

In großer Klarheit hat wohl als erster Immanuel Kant das Entstehungsproblem vom Rechtfertigungsproblem der Erkenntnis unterschieden. Für Kant war nur das Letztere, die *quaestio iuris*, also die Frage, mit welchem Recht etwas als Erkenntnis gilt, von philosophischem Interesse. Die *quaestio facti*, also die Entstehungsgeschichte, das Zustandekommen, spiele dafür keine Rolle und kann daher, so kann man modern fortsetzen, Naturwissenschaften wie der Physiologie, der Psychologie und der Biologie überlassen werden. Aber selbstverständlich hat die *quaestio facti* nur einen Gegenstand, wenn er durch die *quaestio iuris* vorab bestimmt wird. Dies gilt analog auch für das Verhältnis von Wissenschaftstheorie und Wissenschaftsgeschichtsschreibung, wo sich heute ebenfalls vielfältige Tendenzen etabliert haben, erstere durch letztere zu ersetzen. Die Naturalisierung der Erkenntnis durch die Naturwissenschaften stellt diese Abhängigkeit gleichsam auf den Kopf, indem sie die *quaestio iuris* nicht mehr bedenkt und damit die *quaestio facti* zu Antworten führt, die auf die Produktion von Nichterkenntnissen, etwa von Irrtümern, Scheinerkenntnissen usw. in derselben Weise zutrifft wie auf Erkenntnisleistungen.

Und wieder ereignet sich in der Geistesgeschichte, was oben an mehreren Beispielen für das Verhältnis von Praxis und Theorie des Erkennens behauptet und belegt worden ist: Die Theoretiker folgen der Praxis nach. Wo die Naturwissenschaftler als Praktiker den Menschen als erkennendes Subjekt zum Gegenstand machen (und zugleich ihr eigenes Betreiben von Naturwissenschaft naturwissenschaftlich erklären wollen), läßt eine Philosophie nicht lange auf sich warten, die genau denselben Weg geht und die *quaestio iuris* zugunsten der *quaestio facti* aufgibt: die philosophische Naturalisierung der Erkenntnis in der Philosophie Willard Van Orman Quines.

4. Die Naturalisierung der Erkenntnistheorie

In einem unter Philosophen und darüber hinaus hoch berühmt gewordenen Aufsatz mit dem Titel „Epistemology Naturalized" (1969) hat der amerikanische Philosoph Willard Van Orman Quine eine Auffassung entwickelt, die heute für eine Vielzahl vor allem englischsprachiger Philosophen, und zwar sowohl in der Wissenschaftstheorie und der Erkenntnistheorie als auch in der Philosophie des Geistes, leitend geworden ist.

Schon die Titelformulierung zeigt, daß hier etwas „naturalisiert" wird, was vorher anders gewesen sein muß. Dabei bezieht sich Quine selektiv auf eine bestimmte Entwicklung in der Wissenschaftstheorie der Naturwissenschaften und auf Aspekte ihrer Vorgeschichte. Zunächst bestimmt er als Aufgabe der Erkenntnistheorie, die Grundlagen der Wissenschaften zu klären. Dabei richtet sich sein Augenmerk, ausgehend von der Mathematik, auf die empirischen Wissenschaften und ihre traditionelle, wissenschaftstheoretische Diskussion. Die Wissenschaftstheorie, die Quine paradigmatisch an der Philosophie des Wiener Kreises und vor allem in der Person Rudolf Carnaps betrachtet, hat einerseits eine Theorie der Begriffsbildung und der sprachlichen Bedeutung, andererseits eine Theorie von Geltung oder Wahrheit von Sätzen entwickelt. Beide Fragen sind mit semantischen und syntaktischen Mitteln voneinander weitgehend getrennt behandelt worden. Sie wieder in Verbindung zu bringen könne aber nicht auf dem Weg geschehen, den die empiristische Philosophie David Humes vorgezeichnet hat, weil sich in dieser Reste eines nicht auf Beobachtung und Erfahrung gestützten Mentalismus (Bezug auf „mentale", d.h. nicht beobachtbare geistige Zustände) fänden. Statt dessen müßten, so Quine, am Anfang jeder Bestimmung von Wortbedeutungen oder von Satzinhalten und damit am Anfang jeder Erkenntnis die Reizungen der eigenen Sinnesrezeptoren stehen als „das einzige, was man hatte, um zu einem Bild von der Welt zu kommen".

Ausdrücklich wendet sich Quine damit gegen das Rekonstruktionsprogramm, das Carnap als prominentester Vertreter des Logischen Empirismus in seinem Buch „Der logische Aufbau der Welt" (1928, Reprint 1998) formuliert und durchgeführt hatte. Quine hält dieses Programm für gescheitert, weil es keinen zwingenden Zusammenhang von unmittelbarer Erfahrung (formuliert in Beobachtungssätzen) und der Geltung wissenschaftlich empirischer Theorien zeige. Es sei kein nachträglicher philosophischer Ausweis von Bedeutung und Geltung naturwissenschaftlicher Sätze durch eine „rationale Rekonstruktion" im Sinne Carnaps möglich. Vielmehr sei das einzige Mittel, über das ein menschliches Individuum Wortbedeutungen erlerne, die Welt der Sinnesreizungen seines Körpers. Verfolge man – wie Carnap – konsequent die Suche nach einem metaphysikfreien Bild der Welt, dann bliebe nur die unmittelbare Sinneserfahrung als Quelle und der logisch-mathematische Mengenbegriff als Beschreibungsmittel.

„Was die Theorie der sprachlichen Bedeutung angeht, hat man sicherlich keine andere Wahl als die, ein Empirist zu sein". Eine Theorie des Erkennens hat damit ihren Platz innerhalb der Psychologie, die Erkenntnisvorgänge untersucht, und wird selbst ein Teil der empirischen Wissenschaften. Bedeutungen von Wörtern und Verständnisse von Satzinhalten könnten nur als Gegenstände der Beobachtung, also der empirischen Wissenschaften und ihrer Verfahren, bekannt sein. Bedeutung ist nichts anderes als die in einer Sprechergemeinschaft verbreitete Information. Nach Quine sind „Beobachtungssätze diejenigen Sätze …, die wir zuerst verstehen lernen können, sowohl als Kinder wie als Linguisten im Urwald. Der Beobachtungssatz ist der Eckpfeiler der Semantik."

Die von ihm durch Naturalisierung überwundene, „alte Erkenntnistheorie" ist für Quine also der (Mentalismus-belastete) Empirismus Humes und die (rational-rekonstruierende) Wissenschaftstheorie des Wiener Kreises – anderes kommt in seinem Naturalisierungsprogramm nicht explizit vor. Demgegenüber verschiebt sich die Perspektive der Erkenntnistheorie, die sozusagen von außen auf die Wissenschaften gerichtet war und diese aus Sinnesdaten rational rekonstruieren sollte, in die empirischen Wissenschaften hinein. (Deshalb ist es auch nicht überraschend, daß Quine zustimmend eine Form der evolutionären Erkenntnistheorie aus dem englischen Sprachraum erwähnt.) Sein Resümee: „Jetzt, da wir aus dem alten Traum, die ganze Wissenschaft aus Sinnesdaten zu deduzieren, erwacht sind, steht alles zum Besten. Wir sind darauf aus, die Wissenschaft als Institution oder als Vorgang in dieser Welt zu verstehen, und verlangen nicht, daß dieses Verständnis irgendwie besser ist als sein Gegenstand, die Wissenschaft."

Dieses Resümee, eher ein Appell als ein Argument, zeigt, daß jeder erkenntniskritische Anspruch philosophischer Reflexion auf die Wissenschaften aufgegeben wird zugunsten der Meinung, das Verständnis der Wissenschaften habe nicht besser oder anders zu sein als die Wissenschaften selbst. Zwar bleibt Erkenntnistheorie der Sache nach insofern anders als die Wissenschaften, als das Betreiben von Wissenschaften und das Reden über die Wissenschaften auf verschiedenen Sprachebenen stattfinden, verschiedene Gegenstands- und Geltungsbereiche haben und auf verschiedene Kriterien angewiesen bleiben. Aber der Status, die Mittel und die

Geltungsansprüche erkenntnistheoretischer Klärungen der wissenschaftlichen Erkenntnis unterscheiden sich nicht prinzipiell von dieser selbst.

Ungeachtet seines fulminanten Erfolges hat das Naturalisierungsprogramm der Erkenntnis im Sinne Quines eine Reihe von Zügen, die eine nähere Betrachtung lohnend machen.

Zunächst fällt auf, daß als Beispiele von Wissen oder Wissenschaft bei Quine nur Mathematik und Naturwissenschaften vorkommen. Kultur- und Geisteswissenschaften fehlen ebenso wie die Philosophie als eine Reflexionsdisziplin. Letztere ist weder Natur- noch Geisteswissenschaft, weil sie als Reflexionsdisziplin eine kritische Distanz zu Gegenstand und Methoden aller Wissenschaften, also auch der Geisteswissenschaften einnehmen kann. Mit dieser Quineschen Beschränkung von Wissen und Wissenschaft verschwindet völlig, was als Problem und Tugend traditioneller Philosophie gilt: Da es nicht noch einmal oder gar unendlich oft ein sinnvolles Verfahren ist, das eigene Reden und Denken der Philosophie zum Gegenstand einer neuen, eigenen Meta-Philosophie zu machen, muß die Philosophie ihre eigenen Bemühungen immer sozusagen im Fortgang klären und legitimieren. Eine Philosophie (als Erkenntniskritik der Wissenschaften wie der Alltagserkenntnis) kann keine anderen Geltungsansprüche erheben und Autoritäten bemühen, als im Fortgang von Erkenntniskritik diese ihrerseits kritisch zu reflektieren. Bei Quine tritt an die Stelle dieser Aufgabe und dieser Tugend das bloße Faktum des Wissenschafts- und Philosophiebetriebs; in kantischer Diktion bleibt nur die *quaestio facti*.

Quines Naturalisierung der Erkenntnistheorie übernimmt also von den kritisierten Wissenschaftstheoretikern des Wiener Kreises die Beschränkung auf wissenschaftliches Wissen. Dabei findet sich keine ausdrückliche Unterscheidung etwa von wissenschaftlichem und nicht-wissenschaftlichem, alltäglichem Wissen. Quine sieht nicht, daß bereits in den drei Formen der Erkenntnis, nämlich dem individuellen Privatwissen, dem vor- und außerwissenschaftlichen öffentlichen Wissen der Alltagswelt sowie dem wissenschaftlichen Wissen, höchst unterschiedliche Ansprüche und deren Einlösungen vorzufinden sind, auf die weder im Alltagsleben noch in den Wissenschaften irgend jemand tatsächlich verzichten möchte oder könnte. Kurz, die Naturalisierung der Erkenntnis bezieht sich nur und unbegründet auf historisch vorgefundene Beschränkungen der Erkenntnisformen.

Einer sehr weitgehenden Beschränkung unterliegt auch, was Quine im Zusammenhang seines Programms unter der Überschrift „Sprache" betrachtet. Es scheint, als ginge es ihm nur um Behauptungssätze, mit denen die Welt beschrieben wird. Sein Sprachlernmodell, das Quine für den Erstspracherwerb von Kindern oder das Lernen fremder Sprachen von Linguisten in fremden Kulturen vor Augen hat, ist praxisfremd und empirisch unhaltbar. Hätte er sein eigenes Kriterium der wissenschaftlichen Beobachtung ernst genommen, wäre ihm aufgefallen, daß der Spracherwerb und darauf fußende menschliche Kommunikation an wichtiger, häufig erster Stelle das Auffordern, das Fragen und performative Sprechakte wie das Danken, Bitten, Versprechen, Tadeln, usw. umfassen. Nicht nur für die Lebensbewältigung, auch für die Rekonstruktion der Wissenschaften ist das nichtbehauptende Reden methodisch primär, d.h. es muß zuerst geübt und gelernt werden. Und auch die von ihm ins Auge gefaßten Wissenschaften kommen nicht ohne Regeln, Prinzipien, Postulate, Maximen, kurz, ohne Grundsätze mit aufforderndem Charakter aus. Selbstverständlich bestreitet niemand, daß beim Spracherwerb durch das Kind Sinneserfahrung im Spiel ist. Fraglich bleibt aber, ob diese ausreicht, die Unterscheidungsfähigkeiten zu erklären, die das Kind beim Erlernen der Sprache erwirbt. Hier wird es wohl mehr auf den handelnden Umgang mit den Dingen des täglichen Gebrauchs und, wohl noch elementarer, auf den Umgang mit anderen Menschen und deren Handlungen und Erlebnissen ankommen, sowie auf Sanktionen wie Lob und Tadel. Daß alle diese Komponenten eines Spracherwerbs nur unter Beteiligung von Sinneserfahrung zustande kommen, ist unbestritten, erklärt aber gerade nicht, daß erst die Gemeinschaftlichkeit einer Praxis zwischen Kindern und Sprachlehrenden die Erweiterung der Sprachgebräuche von den Älteren auf die Jüngeren sichert. Dies spielt, wie sich in Kap. V zeigen wird, für das Erkenntnisproblem eine wichtige Rolle.

Unschwer sind zudem einerseits physiologistische Züge (im Sinne des zweiten Abschnitts in diesem Kapitel) sowie szientistische Meinungen (im Sinne des ersten Abschnitts dieses Kapitels) an Quines Auffassung zu erkennen. Zugespitzt besteht das

Quinesche Menschenbild darin, den einzelnen Organismus durch die sensorische Körperoberfläche von der Außenwelt abzugrenzen und die naturwissenschaftlich beschriebenen Wechselwirkungen, die durch diese Oberfläche hindurchgehen, als alleinigen Erklärungsgrund für Spracherwerb, Geltung und Erkenntnis anzuerkennen; und bei alledem mit der Unterstellung, daß die verwendeten naturwissenschaftlichen Beschreibungen und Erklärungen zutreffen.

Damit entsteht insgesamt für die naturalisierte Erkenntnistheorie Quines ein entscheidender Defekt: Mit seinem Verzicht auf den philosophischen Anspruch einer Erkenntniskritik und mit seiner Einbeziehung von Erkenntnistheorie in die Naturwissenschaften geht das Erheben von Geltungsansprüchen, ja sogar das Erheben von Ansprüchen auf Verstehbarkeit, auf Nachvollziehbarkeit und Einlösbarkeit sprachlicher Äußerungen insgesamt verloren. Es bleibt nur das schiere Faktum der Anerkennung von Sprachgebräuchen, von Behauptungen und Theorien. Diese ihrerseits sollen nur wieder der wissenschaftlichen Beobachtung zugänglich sein, die erneut nur durch tatsächliche Anerkennung gilt. Hier ist der Grund für einen Relativismus im Sinne völliger Beliebigkeit von Bedeutung und Geltung menschlicher Rede zu sehen, in der Erkenntnisse der Lebenswelt ebenso wie der Wissenschaften behauptet, mitgeteilt und kritisch erwogen werden. Man braucht kein Philosoph zu sein, um diesem Totalverzicht auf Rationalität und Verbindlichkeit, ja auf die Auszeichnung von Erkenntnis vor Irrtum, seine Zustimmung zu verweigern und die hoffnungslose Zirkularität, nämlich den Kreisgang im bloß Empirischen, als letztlich kriterienlos, ja sogar nach den eigenen Maßstäben dieses Empirismus als empirisch falsch zu durchschauen. Wo die Naturwissenschaften die wahr-falsch-Unterscheidung und die *quaestio iuris* verloren haben, sekundiert ihnen mit Quine eine Philosophie, die diesen Verlust zum Gewinn ummünzen möchte.

IV. Die Kulturalisierung der Erkenntnis

Bei philosophischen Fragen hat jede Zeit das Recht, ja die Pflicht, sie erneut zu stellen und zu beantworten. Diese Pflicht besteht jedenfalls dort, wo Philosophie sich nicht im Rückgriff auf Autoritäten erschöpft, sondern das Gebot zum Selberdenken ernst nimmt. Die philosophische Frage „Was ist Erkenntnis?" erneut zu stellen, hat sich hier bereits aus der Enttäuschung ergeben, die das Naturalisierungsprogramm der Erkenntnis hinterläßt: Enttäuscht ist sowohl das alltägliche, in Bildungssprache formulierte Vorverständnis, was Erkenntnis ist, als auch die Erwartung von Antworten, die Begründungen ohne dogmatische Vorentscheidungen anbieten.

Weder deckt eine naturalisierte Erkenntnistheorie auch nur die Mehrzahl der Erkenntnisformen ab, die jeder Laie in seinem täglichen Lebensvollzug erbringen und auch noch für tragfähig halten muß; noch kommt es zu einer Gegenstandsbestimmung von Erkenntnis, ihrer Abgrenzung zum Irrtum, geschweige denn zu unterschiedlichen Graden der Verläßlichkeit, der allgemeinen Verbindlichkeit und der allgemeinen Anwendbarkeit. Weder können sich naturalisierte Erkenntnistheorien durch ihr eigenes Programm rechtfertigen, noch haben sie ein außerhalb ihres eigenen Programms liegendes Fundament, aus dem sie sich zwingend ergeben oder wenigstens nahelegen. Es scheint vielmehr, als liefe die gesamte Entwicklung darauf hinaus, den Gegenstand Erkenntnis allmählich völlig aufzulösen, als Überbleibsel mythisch-unaufgeklärter Vorgeschichte zu entlarven, dabei mutig der Beliebigkeit ins Gesicht zu sehen und der schieren Faktizität des Wissenschafts- und des Philosophiebetriebs mit Wörtern wie Pluralität oder Multikulturalität einen schönen Schein zu geben.

Die zu erkennende Wirklichkeit hat als Objekt die Rolle verloren, Objektivität der Erkenntnis zu sichern – sogar in den Naturwissenschaften herrscht, konsequent naturalisiert verstanden, die Beliebigkeit der Lehrmeinungen und Schulen, die sich wie in Stammeskriegen befehden und auf faktische Durchsetzung, auf das Überleben des Stärkeren aus sind. Auch die Natur mit ihren unerbittlichen Gesetzen führt nicht zur absoluten Erkenntnis, weder in der Formel „Natur als Gegenstand der Naturwissenschaften" noch in der Formel „der Mensch als Teil der Natur". Die in Bildungssprache aufgehobenen Vormeinungen des Laien, es gebe doch Erkenntnisse mit Bewährung und Geltung, mit Herkünften und Ursprüngen, mit Folgen und mit Risiken, oder gar, es gebe doch die wissenschaftlichen Erkenntnisse mit Rationalität und öffentlicher Prüfbarkeit, werden tatsächlich und ungeachtet anderer Auskünfte in feierlichen Reden nur als Relikte vergangener Zeiten, als mangelnde Aufklärung durch Naturwissenschaften oder als lebensweltliche Vereinfachungen für den Laien betrachtet.

Die akademische Philosophie bietet ein entsprechend heterogenes Bild. Erkenntnistheorien werden bei der überwältigenden Mehrheit der Philosophen zum Schauplatz von Interpretenstreit zu historischen Texten, ja von Gegenwartsflucht durch Einarbeiten und Einfühlen in die Klassiker oder auch in die Randfiguren der Geschichte der Erkenntnistheorie. Andere Philosophen beziehen ihre erkenntnistheoretischen Themen aus der vielfältigen Gegenwartsdiskussion, sind also Mitspieler in einem Spiel, dessen Globalität sich meist auf die englische Sprache beschränkt und dessen Provinzialität in der Beachtung von main-stream-Regeln, Referenzautoren, Akzeptanzperspektiven und sozialpsychologischen oder institutionellen Zugehörigkeitsgefühlen besteht.

Was fehlt, ist das Stellen und Beantworten der Wozu-Frage. Wozu handeln Philosophen historisch oder systematisch von Erkenntnis, von Erkenntnissubjekten und -objekten, von Möglichkeiten und Grenzen, von Anlaß und Ziel des Fragens, von Hoffnungen auf Antworten und Bemühungen um Wege? Der institutionell erfolgreiche Erkenntnistheoretiker von heute braucht für seinen Erfolg leider weder eine eigene noch eine fremde Meinung zu vertreten. Deshalb erscheint es in dieser Perspektive auch als abwegig, sich nicht an den langen Zug anzukoppeln, der von der Lokomotive der modernen Natur- und Technikwissenschaften (genauer, wie gezeigt, deren szientistischer Interpretation) gezogen wird. Philosophen, die sich heute noch daran machen, eine eigene, neue Erkenntnistheorie zu versuchen, gelten schon deshalb als sonderbar genug. Sollten solche Entwürfe gar gegen herrschende Meinungen gerichtet sein, finden sie sich im Heer marodierender Einzelgänger, Spinner oder einfach nur für unkundig Gehaltener wieder.

Nicht eine larmoyante Besserwisserei gegenüber den Mehrheitsströmungen soll diese Einschätzung der gegenwärtigen akademischen Philosophie vermitteln, sondern den Mut des Lesers fördern, sich ohne Beunruhigung auf eigene Denkwege zu begeben. Vielleicht läßt sich aus der Vogelperspektive – ein Maulwurf sieht generell nichts – die Geschichte der Praxis des Erkennens, die Geschichte der naturwissenschaftlichen Selbstverständigungsphilosophien und schließlich die Geschichte der akademischen Philosophie so betrachten, daß derzeit die Frage „Was ist Erkenntnis?" einfach keine Konjunktur hat. Dies klingt zwar paradox, weil in gewaltigen und teuren Anstrengungen der Hirnforschung, der Psychologie, der biologischen Wissenschaften und anderer das Erkennen geradezu hektisch erforscht wird. Und zielt nicht ein entwicklungsträchtiger Großbereich der Technik darauf ab, intelligente Automaten, erkenntnisfähige Maschinen zu konstruieren? (Wir reden schon im Alltag davon, daß ein Airbag „erkennt", ob der Sitz hinter ihm besetzt ist oder nicht; und es werden Automaten entwickelt, die die Rechtmäßigkeit einer Geldabhebung mit der Plastikkarte „erkennen".) Aber es war oben dargelegt worden, daß in allen Spielarten naturalisierter Erkenntnistheorie die wahr-falsch-Unterscheidung zwar benützt, aber als unerklärt vorausgesetzt wurde.

Die philosophische Frage „Was ist Erkenntnis?" erneut zu stellen, weil sie im erklärten Sinne gegenwärtig keine Konjunktur hat, braucht nicht zu ignorieren, daß es viele ernsthaft nachdenkende Menschen gibt. Es gibt sie unter Wissenschaftlern wie unter Philosophen (wie, nicht zu vergessen, unter Nicht-Intellektuellen und Nicht-Akademikern), die zumindest praktisch, d.h. als Vollzug, an Erkenntnisansprüchen festhalten und dies in Beziehung setzen zu Aspekten des individuellen und des gesellschaftlichen Bemühens, voranzukommen und die Verhältnisse wenn nicht besser, so doch wenigstens nicht schlechter werden zu lassen.

Der folgende Versuch einer Kulturalisierung der Erkenntnis soll deshalb nicht verstanden werden, als sei er mit dem Anspruch des Einmaligen, des in allen Aspekten völlig Neuen oder gar des Elitär-Isolierten verbunden. Vielmehr wird sich zeigen, daß in den meisten Fällen nur an etwas erinnert zu werden braucht, was nicht nur kaum jemand bestreitet, sondern fast jeder schon gewußt hat. Erkenntnis zu kulturalisieren ist selbstverständlich Teil einer Reaktion auf die Naturalisierung, die im vorangehenden Kapitel besprochen und kritisiert wurde. Sie ist also ein Gegenentwurf durch Umordnung von Bekanntem. Aber vielleicht geht es auch in einem wichtigen Punkt um eine originelle Umordnung: Im Prinzip dieser neuen Ordnung liegt der Gegensatz zu den meisten Konkurrenten, jedenfalls der Gegensatz zu vorherrschenden Meinungen. Das Prinzip dieser (methodisch genannten, s. Kap. V) Ordnung orientiert sich an der Wozu-Frage. Diese, so wird sich ergeben, läßt sich sinnvoll sogar auf zwei Ebenen stellen: auf der schon zitierten, wozu Philosophen Antworten auf die Frage „Was ist Erkenntnis?" suchen, und dann auf derjenigen, wozu Menschen überhaupt etwas erkennen, wozu „Erkenntnis" ein Mittel sein kann bzw. soll.

1. Das Staunen der Philosophie

Ob es die Philosophen so sehr lieben, oder ob es das Publikum so gerne hört, man läßt jedenfalls gerne mit Aristoteles die Philosophie beim Staunen beginnen. Sprachlich gesehen könnte sich dahinter ein psychologischer Trick verbergen: Solange nicht das Erstaunliche näher bestimmt wird, signalisiert das Wort Staunen nur Überraschung und Offenheit, ein wenig auch Bescheidenheit gegenüber dem bestaunten Erstaunlichen. Der Trick besteht darin, daß Staunen gegenüber seinen Konkurrenten wie Analysieren und Rekonstruieren, Begründen und Widerlegen oder gar Bewundern und Verachten als Ausdruck für Neutralität, für Unvoreingenommenheit verwendet wird – und doch staunt nur, wer etwas anders sieht oder erlebt als erwartet, oder wer in sich gegenüber dem Bestaunten das Gefühl des Erhabenen in Gang setzen kann – kurz, das Staunen ist nicht so frei von Bedingungen und Vormeinungen, wie das Wort verspricht. (Wie Aristoteles es genauer gemeint hat, spielt hier keine Rolle: Die vorangehenden Bemerkungen betreffen die Zitierkultur des aristotelischen Bonmots.)

Erstaunlich an wissenschaftlichen und philosophischen Antworten auf die Frage „Was ist Erkenntnis?" sind die höchst verschiedenen Anfänge, von denen her gefragt wird. Nicht so sehr die Ziele wie die Anfänge sind es, die für ein Finden, Gehen oder Beurteilen eines Weges ausschlaggebend sind – schließlich gilt nicht nur für diese Metapher, daß ein und dasselbe Ziel höchst verschiedene Wege verlangt, wenn es von verschiedenen Ausgangspunkten her verfolgt wird.

Das Kapitel über das philosophische Erbe ebenso wie das Kapitel über die Naturalisierung der Erkenntnis lassen sich auch als Hinweise auf die verschiedenen Anfänge lesen: Die griechische Antike beginnt bei der Aufklärung von Mythen (und der Abwehr sophistischer Übertreibungen dieses Unternehmens); das christliche Mittelalter beim religiösen Glauben; die neuzeitliche Wissenschaft beginnt bei der Überwindung antik-mittelalterlicher Naturphilosophie; die modernen Strömungen des Szientismus, des Empirismus und des Naturalismus beginnen bei der Abwehr idealistischer, rationalistischer und aprioristischer Philosophien; und die philosophisch-naturalisierte Erkenntnistheorie bei der analytischen Rekonstruktion der Naturwissenschaften. Diese Anfänge haben etwas gemeinsam. Sie sind immer als theologische oder philosophische oder wissenschaftliche Lehrmeinungen, gewissermaßen also selbst als erkenntnistheoretische Positionen schon vorhanden. Deshalb legt sich die Frage nahe, ob jedes neue Stellen und Beantworten der Frage „Was ist Erkenntnis?" zwangsläufig ebenfalls einen solchen Anfang nehmen muß, d. h. sich als Überwindung einer vorfindlichen oder als Gegensatz zu einer vorherrschenden Meinung verstehen muß. Es drängt sich der Verdacht auf, daß das Staunen der Philosophie als ein Anfang zuvorderst ein Staunen über vorfindliche Konkurrenzauffassungen – modern würde man sagen, über die Kollegen – ist, denen nun im Neubeginn etwas entgegengesetzt werden soll.

Auch gegen das vorliegende Buch liegt dieser Verdacht nahe, zumal die Wörter „Naturalismus" und „Naturalisierung" in der akademischen Philosophie und darüber hinaus geläufig sind und selbstverständlich das Wort „Kulturalisierung" analog gebildet ist, also erkennbar einen Gegenbegriff darstellt. Kurz, ist der folgende Neubeginn nur, wie das vorangehende Kapitel suggerieren könnte, das Staunen über die Schwächen des Naturalismus?

Diese Frage mit „nein" zu beantworten, läßt sich aus dem Programm dieses Buches rechtfertigen. Es sollte ja kein Report, kein ausgeweiteter Lexikonartikel über die Chronologie philosophischer und wissenschaftlicher Einschätzungen des Erkenntnisproblems sein, sondern den Leser zum Philosophieren, zu einer Selbstbestimmung erkenntnistheoretischer Meinungen durch Zugriff auf die Praxis des Erkennens führen. Das heißt aber, daß nicht das anfängliche Staunen gegenüber einer Gemeinschaftsleistung wie einer theologischen, philosophischen oder wissenschaftlichen Lehrmeinung gewählt wird, die ja immer von ganzen Gemeinschaften oder gar Traditionen entwickelt und getragen wird. Vielmehr soll die einzelne Person, das Individuum zu einem philosophischen Nachdenken gebracht und deshalb bei sich selbst zum Anfang eingeladen werden.

Da historisch und systematisch gebildete Philosophen mit den Wörtern „Individuum" und „Person" bereits wieder eine Fülle hochkomplizierter Theorien und Meinungen assoziieren, und da andererseits jeder Mensch, ob er nun will oder nicht, sich selbst immer schon in einer Vielzahl von Rollen, in einer historischen und gesellschaftlichen Situation, mit Meinungen und Wissensbeständen ausgestattet oder belastet, also gar nicht so individuell und persönlich vorfindet, ist erst ein möglichst unbelasteter, möglichst bedingungsarmer, möglichst voraussetzungsloser Standpunkt einzunehmen. Anfang soll das Alltagsleben sein, und zwar als Vollzug. Vollzug steht hier als Gegenbegriff zu Beschreibung oder Reflexion. Das praktische Leben des einzelnen Menschen in seinem Vollzug, das man dann nachträglich so bestimmen kann, daß es für alle Menschen (bei allen Verschiedenheiten in allen Kulturen und historischen Situationen) immer vorfindbar ist, ist immer auch ein Vollzug von Erkennen.

Die Selbstverständlichkeit, daß über das Alltagsleben nur gesprochen werden kann (ob im Alltag selbst oder in einem philosophischen Buch), wenn es dieses als Menge von Vollzügen einzelner Menschen überhaupt gibt, ist schon die erste von den bereits jedermann bekannten Umständen, die es kulturalistisch umzuordnen gilt. Zwar trifft man in der Philosophie immer wieder auf die Behauptung, die Praxis habe Primat vor der Theorie, was jeden Laien sofort zur Nachfrage provozieren sollte, in welchem Sinne dieses „vor" zu verstehen sei). Aber dieser allseits anerkannte Primat hat nicht dazu geführt, in den die Naturalisierung der Erkenntnis betreibenden Philosophien das Handeln vor dem Reden zu bedenken. Vielmehr hat eine wichtige (und oben bereits kurz besprochene, vgl. S. 54) sprachliche Wende der Philosophie einen anderen Weg favorisiert. Dies gilt vor allem für die moderne, empiristische Wissenschaftstheorie, die in praktisch allen Varianten durch den „linguistic turn" beeinflußt ist. Dadurch wurden die in ihren Erkenntnisleistungen vorbildlichen Naturwissenschaften in erster Linie oder teilweise gar ausschließlich als sprachliche Aktivität betrachtet. Der Zugang zum Geheimnis des naturwissenschaftlichen Erfolges schien danach gleichsam in der logischen Struktur der mathematischen Theorien der Physik zu liegen, dann in den Raffinessen der Interpretation mathematischer Strukturen durch Zuordnung zu einer technischen Laborpraxis (wie im Falle der Zahlen zu den Meßergebnissen).

Hier wirkt nach, daß die sprachliche Wende der Philosophie selbst an zwei Sorten problematischer Begriffe entstanden ist, einmal der Grundbegriffe von Logik und Mathematik, zum andern etwa am Begriff der Existenz, der am Beispiel von Gottesbeweisen diskutiert wurde und exemplarisch für den nicht befriedigend rekonstruierbaren Sprachgebrauch die Ausgrenzung schlechter Metaphysik oder dogmatischer Ideologie leisten sollte. Obwohl natürlich niemand in der gesamten Tradition der Philosophie, die bis hin zu Quine unter dem Leitstern des „linguistic turn" steht, je bestritten hätte, daß Erkenntnisse in den Naturwissenschaften durch menschliches Handeln zustande kommen, spielte dieser „pragmatische" Aspekt nur ganz am Rande eine Rolle. Erst in den späten Stadien einer Wissenschaftstheorie, in denen bemerkt wurde, daß die syntaktischen und semantischen Probleme selbst der angesehensten naturwissenschaftlichen Theorien (wie der Relativitätstheorien bezüglich Raum und Zeit) nicht befriedigend gelöst werden können, schlimmer noch, daß die erhoffte Abgrenzung von wissenschaftlicher Erkenntnis und metaphysischem Scheinwissen nicht gelingt, hat man „Pragmatik" betrieben.

Die Suche nach einem möglichst voraussetzungsarmen Neuanfang soll aber auch nicht im Staunen über die Lücken und Kurzschlüsse einer sprachfixierten Philosophie ansetzen. Zwar wäre dieser Ansatz ebenfalls höchst fruchtbar, würde er doch zeigen, daß die Sprachform der Naturwissenschaften, also ihre Theorien, von den sprachfixierten Philosophen wieder wie vorgefundene Naturgegenstände behandelt, d.h. also nicht auf den Vollzug des

Sprechens zurückverfolgt wurden. Damit ist nicht gemeint, der fehlende Rückgang auf den Vollzug des Sprechens läge an der Unkenntnis oder gar am Irrtum der sprachfixierten Philosophen, naturwissenschaftliche Theorien könnten anders als durch Sprachvollzüge in die Welt gekommen sein. Vielmehr zielt die Kritik darauf ab, daß die Fixierung auf die Sprachform der Naturwissenschaften und die Nichtbeachtung der Sprachvollzüge dazu geführt haben, eine elementare Trivialität zu übersehen: Auch Sprechen ist Handeln. Und daß im Prozeß des naturwissenschaftlichen Erkenntnisgewinns nicht nur Sprachhandlungen, sondern auch andere, vor allem sprachfreie Handlungen in der technischen Laborpraxis eine entscheidende Rolle spielen, hat jeder Philosoph gewußt und dennoch kaum einer beachtet.

Anstatt beim philosophischen Staunen, das sich schon als ein Staunen über die Defizite der vorgefundenen theologischen, philosophischen und wissenschaftlichen Lehrmeinungen erkennen ließ und nun die Philosophie des „linguistic turns" einschließt, soll hier der Neuanfang bei der unbestrittenen Selbstverständlichkeit liegen, daß wir Menschen unser Alltagsleben durch Vollzüge von *Handlungen* bewältigen. (In Kapitel V, 1 wird ausdrücklich erläutert, wie die Wörter „Vollzug", „Handlung", „bewältigen" usw. gemeint sind.) Das heißt, die sprachliche Wende der Philosophie verlangt zumindest eine weitere, „pragmatische" Wende, die die unverzichtbare Sprache für die Darstellung und Begründung von Erkenntnissen als Ergebnis eines Handelns erfaßt. Bildlich gesprochen ist der Bereich der Handlungen weiter als der speziellere Bereich der Sprachhandlungen.

Selbstverständlich würden die Anhänger aller Naturalisierungsprogramme gegen diese Rolle der Handlung entweder protestieren oder versprechen, das Handeln ebenfalls als Organismusleistung mit naturwissenschaftlichen Mitteln kausal erklären zu können. Daß damit Geltungsansprüche verknüpft wären und die oben besprochenen Szientismus- oder Physiologismusprobleme auftauchen würden, braucht hier nicht noch einmal diskutiert zu werden. Gegen diesen naturalistischen Einwand spricht vor allem auch, daß in allen hier in Betracht kommenden Kulturgemeinschaften, in denen es (wenn auch verschiedene) Sitten und Rechtssysteme gibt, Menschen (schon als Kinder) Handeln lernen. Handeln lernen heißt, zu unterscheiden zwischen einem bloßen

Verhalten wie Stolpern, Erschrecken und Niesen, und den Tätigkeiten, die uns sittlich oder rechtlich als Schuld oder Verdienst, als vorsätzlich, fahrlässig oder unverschuldet zugerechnet werden. Auch für jeden Laien ist es geradezu selbstverständlich, daß alle Handlungen – sogar Sprachhandlungen – im Alltagsleben in dieser Weise ausgeführt und beurteilt werden. Eine Lüge, eine richtige Antwort, ein Loblied, eine Beleidigung, Dank, Glückwunsch, Nachfrage usw. werden immer dem Sprechenden zugerechnet – nicht anders als die von den sprachfixierten Philosophen untersuchten „propositionalen" Erkenntnisse der Wissenschaften wie des Alltagslebens. Kurz, die Kulturalisierung der Erkenntnis als Neuanfang verdankt sich weniger dem Staunen über das pragmatische Defizit der sprachlichen Wende in der Philosophie, als dem Bezug auf eine Selbstverständlichkeit des täglichen Lebens in unserer Kultur: daß wir handeln, und dies vor allem auch, wenn wir sprechen.

Dem aufmerksamen Leser wird nicht entgangen sein, daß gegenüber der Naturalisierung der Erkenntnis an die Stelle des Organismus jetzt der handelnde Mensch getreten ist, daß aber andererseits dieser handelnde Mensch nicht ohne einen Bezug auf Sitte und Recht charakterisiert werden konnte. Das heißt, wir haben nicht den Menschen im natürlichen Urzustand, sondern als Gemeinschaftswesen vor uns, das auf einer bestimmten Kulturstufe steht. Anders gesagt, die pragmatische Wende der sprachlich gewendeten Philosophie greift selbst noch zu kurz. Es genügt nicht, gleichsam dem Tier, das die Naturwissenschaften als Organismus beschreiben, nun noch die Fähigkeit des Handelns zu geben, um bereits beim Menschen sein. Der handelnde Mensch ist vielmehr ein Kulturwesen. Eine nun auf das Pragmatische fixierte Philosophie muß sich noch einer weiteren Wende unterziehen, nämlich der „kulturalistischen".

„Kultur" ist wie „Natur" heute ein Allerweltswort. Diese Wörter werden nicht dadurch klarer, daß es Natur- und Kulturwissenschaften gibt, weil erstere so gut wie gar nicht und letztere nur unter den Beschränkungen des eigenen Faches versuchen, das jeweilige Klassifikationsmerkmal zu erläutern oder gar ausdrücklich zu definieren. Hier soll Kultur als Gegenbegriff zu Natur zunächst in einem sehr eingeschränkten, auf den speziellen Erklärungszweck abgestellten Sinne verwendet werden. „Kultur" kommt von lateinisch *cultura*, Ackerbau und bezeichnet zunächst den menschlichen Eingriff in das natürlich Vorfindliche. Der Akker- und Waldbauer, der Tier- und Pflanzenzüchter verändert, „kultiviert" das Natürliche nach seinen Zwecken und Bedürfnissen. Wir haben hier mit anderen Worten auch einen Bezug zur oben erwähnten aristotelischen Unterscheidung von natürlich und künstlich. Kultur ist, was der Mensch handelnd hervorbringt. (Naturalisten, die hier das Hervorbringen von Vogelnestern, Spinnennetzen, Bienenwaben, einen Werkzeuggebrauch bei Tieren, Betrugsmanöver beim Paarungsverhalten oder Abjagen der Beute oder gar sprachliche Kommunikation von Tieren heranziehen, um das Kulturwesen Mensch nur als Teil der Natur, als das raffinierteste Raubtier, als den höchstentwickelten Affen zu beschreiben und in allen Gegenentwürfen nur die große Kränkung des Menschen „als Krone der Schöpfung" zu sehen, sei hier ein wenig Geduld abverlangt.)

Die kulturalistische Wende einer sprachlich und pragmatisch gewendeten Philosophie der Erkenntnis nimmt ihren Anfang lediglich bei einer weiteren und ebenso unbestrittenen wie unbestreitbaren Selbstverständlichkeit: Alle Menschen, die hier als Agenten oder Objekte der Diskussion des Erkenntnisproblems überhaupt in Frage kommen, sind schon Teilnehmer einer Handlungs- und Sprachgemeinschaft, deren Formen eine lange Entstehungsgeschichte, und zwar eine kultürliche, hinter sich haben. Niemand – und würde er sich noch so radikal als Aussteiger fühlen und betätigen – könnte ignorieren, daß er nicht als einsames Naturstück in natürlicher Umgebung anfängt, das Problem der Erkenntnis zu erwägen. Vielmehr ist unabweislich jeder an dieser Debatte beteiligte Mensch in den Formen des täglichen Lebensvollzugs bei Nahrung und Paarung, bei Kleidung und Behausung, bei Sprache und Sitte, und eben auch bei allen Formen seines Erkennens immer schon ein Kulturwesen: Sogar das was immer natürlich oder gar naturgesetzlich an ihm abläuft, begegnet diesem Wesen wie seiner Umwelt kultürlich.

An die Stelle des Staunens als Anfang einer Philosophie des Erkennens wird deshalb hier versucht, im alltäglichen Rahmen erkennbare und erkannte Selbstverständlichkeiten zu setzen, nämlich diese, daß wir in einer kultürlich vom Menschen zugerichteten Welt unser Leben durch Handeln und Reden führen.

2. Kulturhöhe und Bewährtheit als Rahmen

Bei Kultur soll also primär nicht an Johann Sebastian Bach oder Albrecht Dürer, nicht an Kant, Gauss oder Goethe gedacht werden, sondern zunächst an den kultivierenden Eingriff des Menschen in die vorfindliche Natur, um seinen Lebensunterhalt zu bestreiten. Als „Kulturschaffender" soll also nicht der Künstler, Wissenschaftler oder Philosoph, sondern erst einmal der Handwerker betrachtet werden, ohne den die anderen Kulturschaffenden keine Nahrung, Kleidung oder Behausung hätten – ganz abgesehen davon, daß niemand so sehr Mundwerker sein kann, alle handwerklichen Tätigkeiten des täglichen Lebens zu delegieren, es sei denn, er wollte ins Stadium des hilflosen Säuglings zurückfallen.

Daß wir unser Alltagsleben fristen in einer Kultur, die ein hoch komplexes Produkt handwerklichen Handelns ist, wird oft vergessen. Diesen Fehler hier zu vermeiden heißt aber nicht, unsere komplexe Kultursituation in handwerklich-technischer Hinsicht nun analysierend, rekonstruierend oder gar im romantisierenden Rückgang auf den edlen Wilden oder den tierischen Vorfahren der Frühzeit neu zu erfinden. Im Volksmund sagt man dafür, man brauche das Rad nicht neu zu erfinden. Wir sind schon auf einer Kulturhöhe, auf der das Rad erfunden ist und uns zur Verfügung steht. Mehr noch, obwohl wir nicht wissen, von wem, wann, zu welchem Zweck und auf welchem Weg das Rad erfunden wurde und wie es sich durchgesetzt hat, können wir es heute immer wieder, ja sogar über alle Verschiedenheiten einzelner Kulturen hinweg, als zweckmäßiges Mittel zur Lösung bestimmter technischer Probleme erkennen.

Das Rad steht hier selbstverständlich metaphorisch für die gesamte Technik. Für die Frage, was Erkenntnis sei, ist dabei wichtig, Technik selbst als Form der Erkenntnis zu erkennen. Schon das Rad läßt, jetzt wörtlich und nicht metaphorisch genommen, zwei Erkenntnisformen unterscheiden: einmal die (uns den Umständen nach fehlende) Erkenntnis der ersten Erfinder und Hersteller von Rädern, sozusagen als einmaligem historischem Prozeß, und andererseits unsere heutige, weitestgehend von Personen und Situationen unabhängig reproduzierbare Erkenntnis, daß mit Rädern bestimmte technische Probleme etwa des Lastentransports zu lösen oder jedenfalls besser als ohne Räder zu lösen sind.

Diese zweite Erkenntnisform, die sich gleichsam im Rückblick mit dem Ergebnis einer selbst unbekannten Kulturgeschichte auseinandersetzt, hat noch eine zweite, höchst wichtige Eigenschaft: Sie betrifft ein Produkt, das meistens in einer zwangsläufigen Ordnung von Erkenntnisschritten steht. Ein Beispiel soll dies erläutern: Unsere Technik im Bereich der Maschinentechnik oder der mechanischen Technik kennt Formen von Rädern, die nur in bestimmten Reihenfolgen von Entwicklungsschritten in der Kulturgeschichte auftauchen können. Nur wer schon das Rad (frei auf einer Achse drehbar oder fest auf einer frei drehbaren Achse sitzend) erfunden hat, kann die ineinandergreifenden Zahnräder erfinden. Nur wer schon Zahnräder hat, kann ein Schneckengetriebe erfinden. (Technikgeschichtlich liegen sogar noch wichtige und ebenfalls in ihrer Ordnung festliegende Zwischenschritte zwischen diesen eher plakativen Beispielen. So wurde z.B. das Rad zunächst, d.h. vor der Erfindung des Zahnrades, als Seilrolle zum Umlenken einer Zugrichtung, dann mit mehreren Seilrollen verschiedenen Durchmessers zum Bau von Flaschenzügen verwendet, bevor die wesentlich schwerer herzustellenden Zahnradgetriebe dieselbe Funktion übernehmen sollten. Und es muß schon spezielle Untersetzungsaufgaben etwa beim Heben schwerer Lasten geben, bei denen zugleich die Kraft nur von einer auf die andere Welle, nicht aber umgekehrt übertragen werden soll, um das Schneckengetriebe zu ersinnen.) Die technischen Beispiele, deren Herstellung und Verfügbarkeit sich sprachfreien Handlungen verdankt, sollen die Aufmerksamkeit des Lesers darauf richten, daß Erkenntnisse nicht etwa primär als propositionale, d.h. in Behauptungssätzen darstellbare Handlungserfolge in die Welt kommen, sondern – noch erläuterungsbedürftig – schon in sprachfrei erzeugten Produkten vorliegen. Mehr noch, wegen der zwangsläufigen Reihenfolge, die bei der Höherentwicklung solcher technischen Produkte eingehalten werden muß – die Beispiele in der Baukunst, dem Schiffbau, der Werkzeugherstellung, der Haustechnik für Beleuchtung, Kochen, Heizung, Wasserversorgung usw. sind unzählig –, finden wir uns am Anfang unserer Klärungsbemühungen zum Erkenntnisproblem schon auf einer Kulturhöhe vor, die eine unumkehrbare

Reihe von Kulturleistungen hinter sich hat und durch diese bestimmt wird.

Mitgedacht ist dabei immer, was schon zur zweifachen Erkenntnisform bezüglich des Rades gesagt wurde: Die jeweils aktuell vorfindliche Technik kann immer neu als Mittel für aktuelle Zwecke eingesehen werden. Das heißt, ein sprachfreies künstliches Produkt ist immer, weil es als Glied in einer Kette von Entwicklungen auftaucht, mit einer bestimmten Bewährtheit versehen. In Einzelfällen – etwa beim Auffinden historischer Gerätschaften unbekannter Herkunft und unbekannter Verwendung – kann es zu einer eigenen Aufgabe des Erkennens werden, diese Bewährtheit nachzuvollziehen. Das heißt, die andere Erkenntnisform, nämlich die Erkenntnis der Zweckmäßigkeit durch den ursprünglichen Erfinder oder Verwender, wird hypothetisch unterstellt, und eine aktuelle Zweckmäßigkeit muß erst in der zweiten Erkenntnisform zugänglich werden. Auf diesem Weg liefert der Sonderbereich der handwerklich hergestellten Produkte ein für das philosophische Erkenntnisproblem bedenkenswertes Beispiel einer Kulturhöhe durch Bewährtheit.

Dieser Bereich der sprachfrei hergestellten, technischen Produkte kann ersichtlich noch einen wichtigen, weiteren Aspekt menschlichen Erkennens verdeutlichen: Ungeachtet der Zwangsläufigkeit von Ordnungen, wonach ein bestimmtes Produkt (wie ein Zahnrad) ein bestimmtes anderes Produkt (wie ein Rad) unverzichtbar zur Bedingung hat, können solche Produkte nicht nur diesem Fortschritt der Weiterentwicklung unterliegen, sondern auch einem „Kulturwandel". Alle handwerklichen Produkte lassen sich als Mittel für bestimmte Zwecke verstehen, und, da sie nicht vom Erfinder oder Benutzer verworfen wurden, als bewährte Mittel. Sind sie aber erst einmal verfügbar, dann existieren sie gleichsam selbständig weiter. Und wie bei den historischen Gerätschaften unbekannter Herkunft lassen sie sich sozusagen neu interpretieren, genauer als Mittel für neu erdachte Zwecke. (Dieser Fall liegt ja bereits beim oben gewählten Beispiel vor: Ein Rad an einem Wagen für den Lastentransport ist ja bereits als Mittel für einen neuen Zweck „uminterpretiert" worden, wo es als Seilrolle im Hebezeug eines Schiffes benützt wird.)

Für das Erkenntnisproblem höchst bedeutsam ist daran nicht nur, daß die Abfolge der Erkenntnisgewinne, die sich in weiterentwickelten Produkten als ein Mittelwissen zur Erreichung von Zwecken zeigen, die qualitativen Sprünge der genannten Umdeutung oder Uminterpretation bezüglich der Zwecke erlauben (und so ein Modell für einen Typ von Kulturwandel abgeben). Vielmehr können solche Umdeutungen direkt auf eine neue Form des Erkenntnisgewinns gerichtet sein. Wenn z.B. Zahnradgetriebe nicht mehr zur Transformation von Kräften (etwa kleine Kraft auf langem Weg zu großer Kraft auf kurzem Weg) verwendet werden, sondern als Rechenmaschine, werden sie selbst zum „erkenntnisgewinnenden" technischen Produkt. Da werden Umdrehungen von Rädern gezählt und zur Darstellung von Zahlen verwendet, wodurch bereits ein einziges Zahnradpaar je nach Über- oder Untersetzungsverhältnis als Multiplikations- oder Divisionsmaschine (mit konstantem Faktor) benutzt werden kann. Mit dieser Umdeutung einer Kraftmaschine zur Rechenmaschine – die ersten Erfinder mechanischer Rechenmaschinen mußten also die technischen Formen von Zahnrädern, Stufenwalzen usw. schon vorfinden – haben wir ein weiteres Beispiel einer Kulturhöhe mit Bewährung vor uns. Diese Bewährtheit greift weit auf eine Lösung des Erkenntnisproblems vor: Rechenmaschinen kann nämlich nur jemand wünschen, erfinden, bauen und benützen, der schon weiß, wie er richtige von falschen Rechenergebnissen unterscheidet (und damit seine Maschine als taugliches Mittel für seine Zwecke beurteilen kann), kurz, der schon die betreffenden mathematischen Erkenntnisse hat.

Dieser kleine technikphilosophische Exkurs sollte vor allem der Erläuterung des Wortes „kulturalistisch" dienen: Nicht das Vorverständnis von Kultur, das sich auf Künste, Wissenschaften und die Philosophie ausrichtet, ist bei der Suche nach einem möglichst voraussetzungsarmen, bedingungsfreien Anfang für eine Lösung des Erkenntnisproblems heranzuziehen, sondern die unmittelbare Lebensbewältigung durch handwerklichen Eingriff in das Vorhandene. Und für Menschen auf hoher Kulturstufe ist das Vorhandene (für uns in meistens unbedachtem Umfang) bereits das durch andere Menschen Produzierte und von ihnen bzw. für sie Bewährte. Diese Bewährtheit ist jeweils neu auf den Prüfstand zu setzen.

Das heißt, schon beschränkt auf die technisch hergestellten und sprachfrei benutzten Produkte unserer Kultur haben wir es im

Geschäft des Erkennens mit der Aufgabe zu tun, die Goethe in das schöne Wort gefaßt hat: „Was du ererbt von deinen Vätern hast, erwirb es, um es zu besitzen!" Kritische Aneignung von Kultur ist damit ein immer schon vorgegebener Rahmen für jedes Kulturwesen – hier exemplarisch dargestellt (selbstverständlich mit guten Gründen) gerade am Beispiel der Technik, die nicht, wie Texte, die Abhängigkeiten von einer kultürlichen Differenzierung hat, wie sie z. B. in den Verschiedenheiten von Mundarten, Sprachstilen, persönlichen aktiven oder passiven Sprachbeherrschungen usw. vorkommen. Nur die vorschnelle Perspektive der Mundwerker, die seit wenigstens dreitausend Jahren die Handwerker zu gering geschätzt haben, kann die heute modisch gewordene (und unglücklicherweise auch mit dem Wort „kulturalistisch" belegte) Beliebigkeit, ja Gleichwertigkeit jeder Erscheinungsform menschlicher Produkte annehmen, seien sie nun sprachlich, künstlerisch, institutionell oder sittlich. Diese Ablösung des Redens vom Handeln hat die Abhängigkeit des Redens von der Welt der sprachfreien Kulturgüter verdrängt.

3. Lebensbewältigung als individuelle Aufgabe

Wieder unter dem Einfluß philosophischer Betrachtungen zu den Naturwissenschaften hat sich das Menschenbild von den spekulativen Theorien theologischer und philosophischer Herkunft in unserem Jahrhundert zu einer Biologie-gestützten Anthropologie gewandelt. Damit ist gemeint, daß die Frage „Was ist der Mensch?", die in der Tradition wahrlich höchst verschiedene Antworten gefunden hat, eine Verbindung mit der Biologie eingegangen ist. (Man vergleiche das aristotelische „zoon politikon", also das politische oder bürgerliche Tier, mit dem „animal rationale", dem vernunftbegabten Tier, das wegen der Übersetzung von „ratio" aus „logos" zugleich das sprachbegabte Tier ist, mit dem christlichen Bild der beseelten, nach Gottes Vorbild erschaffenen Kreatur). Der Mensch als Kulturwesen wird, etwa in der Anthropologie Arnold Gehlens (1904–1976), als das Mängelwesen beschrieben. Mit Kultur kompensiere der Mensch seine Defekte im Vergleich zum Tier, das mit Haarkleid, Klauen und Zähnen in freier Natur überleben kann. Kleidung, Behausung, Sprache, Arbeitsteilung, Institutionen gelten danach als kultürliche Errungenschaften, die den Menschen relativ zu einem Naturwesen überlebensfähig und ihn schließlich die Natur technisch beherrschend und zerstörend gemacht haben.

Für unsere Frage nach einem Anfang zur Lösung des Erkenntnisproblems ergibt sich daraus eine naturalistische Falle. Man orientiert sich gleichsam an den Ergebnissen der Wissenschaft Biologie, um festzustellen, was die natürlichen Bedingungen für ein Überleben sind, wo Überleben biologisch nach Aspekten wie Nahrung und Paarung verstanden wird. Zu diesen werden dann schrittweise die kultürlichen Fortschritte der Naturbeherrschung zu menschlichen Zwecken hinzugenommen, die Entwicklung des Werkzeuggebrauchs, der Kleidung, der Nahrungszubereitung, des Schutzes durch Behausungen, aber auch der Kampf frühmenschlicher Stämme, Rassen usw.

Das Kulturwesen Mensch als Mängelwesen mit biologischen Wissenszutaten zu rekonstruieren ist deshalb eine naturalistische Falle, weil damit das Leben und seine Bewältigung auf der Kulturstufe, auf der es für die Urheber dieser Theorie genauso wie für ihre Opponenten angenommen werden muß, nicht mehr (rekonstruierend) erreicht werden kann. Dieses Menschenverständnis greift nämlich schon deshalb zu kurz, weil die Bedürftigkeit des Menschen – wieder naturalisierend – bei einem Verständnis von Leben ansetzt, das nur die Funktionsfähigkeit der Maschine Organismus betrifft. Übersehen wird dabei, daß die oben bereits besprochenen – im naturwissenschaftlichen Rahmen höchst sinnvollen – Beschränkungen von Fragestellungen und Methoden der Biologie Ausblendungen von etwas sind, das für den Kulturmenschen, der solche Theorien entwickelt, eben nicht als Hierarchie von Bedürfnissen von den sogenannten Primärbedürfnissen wie Nahrung und Atemluft zu den hochkultürlichen wie Abwechslungs-, Informations- und Unterhaltungsbedarf (man denke an den Ruf des Römischen Volkes „Brot und Spiele!") führt. Die unbestrittene Trivialität, daß nicht leben kann, wer verhungert oder erstickt, definiert die Bewältigung des Alltagslebens so wenig, wie es die Fahrleistung eines Autos definieren würde, daß es sich nicht mehr bewegt, wenn man es einbetoniert.

Ein an den Vorgaben der Biologie orientiertes Verständnis des Menschen verfehlt (ohne irgendeinen Einwand gegen die Erkenntnisse der Biologie zu implizieren) die Bestimmung der Aufgabe, die jeder Mensch auf der Höhe einer Kulturstufe hat, der als Individuum sein Leben zu bewältigen sucht. Dies kann sich jeder Laie an eigenen, ganz elementaren Lebenserfahrungen vor Augen führen:

Unter hinreichend normalen Verhältnissen unserer Kultur, in denen hypothetisch keine Verhältnisse herrschen, deren Akteure als schwere Fälle in Heil- oder Strafanstalten eingewiesen würden, braucht der heranwachsende Mensch vom ersten Tag nach der Geburt an für seine biologisch definierten Primärbedürfnisse wie Nahrung, Kleidung und Behausung nicht zu sorgen. Was die Versorger wie Eltern oder Ärzte bei auftretenden Störungen wie Krankheiten dem Säugling als „Bewältigung" zuschreiben würden, etwa das Durchstehen einer Infektion, ist ja nicht mit dem Wort „Lebensbewältigung durch das Individuum" gemeint. Gemeint ist vielmehr das, was erst beginnt, wenn der kleine Mensch anfängt, sich selbst handelnd mit seiner Umwelt auseinanderzusetzen, d. h. an seinen eigenen Unternehmungen Erfolg und Mißerfolg zu unterscheiden.

Selbstverständlich sind hier die Übergänge fließend. Will das Kleinkind ein Objekt ergreifen und muß sich dazu in eine andere Körperlage bringen, so sind dies die fließenden Übergänge zum Erlernen von Handlungen, in denen das Individuum die Spielräume erwirbt, Zwecke zu setzen oder aufzugeben, ihr Erreichen oder Verfehlen durch Variation der Mittel zu beeinflussen und allmählich zu einer Beurteilungskompetenz der eigenen Wahl von Zwecken und Mitteln zu kommen.

Eingebettet sind solche Formen der individuellen Lerngeschichte aber immer in den Kontakt zu anderen Menschen, ohne deren Handlungen das Kleinkind im biologischen Sinne nicht überleben würde. Aber lange bevor das Individuum selbst über die Erfüllung seiner sogenannten Naturbedürfnisse entscheidet, hat es sein Leben in einem psychologischen, sozialen, emotionalen und kognitiven Sinne zu bewältigen. Ein Kind, das die Personen seiner nächsten Umgebung nicht richtig zu benennen lernt, das in seinen Verhaltensweisen sich nicht orientieren kann an den eingeübten Mustern, wonach etwa ein Verbot etwas anderes ist als eine Belohnung, wird auf der frühkindlichen Stufe sein Leben nicht bewältigen. Dramatisch (und auf unserer Kulturstufe Aufgabe für therapeutische Bemühungen der Medizin im weitesten

Sinne) werden Störungen der individuellen Lebensbewältigung, wenn die Zurechnung von Erfolg und Mißerfolg, von Verdienst und Schuld nicht in einem angemessenen Zeitraum durch den heranwachsenden Menschen gelernt wird. Wer nicht lernt zu unterscheiden, was er selbst bewirkt und was sich im eigenen Umfeld von selbst ereignet, wird nicht Handeln im Sinne von Bewirken erlernen. Er wird die einfachsten Verrichtungen wie das Eingießen eines Glases ebensowenig erlernen wie die kleinen Problemlösungen, die schon die eigene räumliche Bewegung durch den Raum verlangen, das Machen eines Umweges, das Heranziehen eines Stuhls, das Öffnen einer Tür.

Die sprachfreien Handlungen werden dabei nicht anders als die sprachgebundenen immer in Gemeinschaft mit erwachsenen Menschen gelernt, die ihrerseits Kulturwesen sind, d. h. aber, ihr gesamtes Repertoire an Handlungs- und Sprachfähigkeiten selbst schon wieder auf der Höhe der Bewährtheit einer Kulturstufe gelernt haben.

Es ist deshalb ein durch die modernen Natur- und Technikwissenschaften (und ihre hervorragenden Leistungen) nahegelegtes Mißverständnis, das Erkennen und seine Differenzierung in einem individuellen, biographischen Lernprozeß nach dem Muster vorzustellen, daß erst einmal sozusagen die Mechanik eines durch den Raum fahrenden Roboters sensorisch funktionieren muß, daß dann dessen Energieversorgung, beim Lebewesen durch Nahrung, gesichert werden muß, daß dazu dann ein Lernen stattfindet, und daß sich dann Schichten dazu bilden, z. B. wie solche Automaten ihre Frustration bewältigen, wenn sie immer wieder an demselben Problem scheitern usw. Erkennen ist vielmehr an ein Problemlösen und ein Lernen aus Erfolg und Mißerfolg gebunden, für das die Aufgaben ganz anders vorgegeben sind, nämlich durch Zusammenleben mit den anderen Mitmenschen.

Den Menschen als Organismus oder gar Mechanismus zu betrachten, ist sozusagen im System der Erkenntnisse nicht die erste, sondern die letzte Stufe: Wenn man über den Menschen hinreichend viel weiß, kann man beim Verlust eines Beines versuchen, ihm ingenieurmäßig eine Prothese zu bauen, und vielleicht sogar eine so gute Prothese, daß sie durch die Nervenimpulse des Prothesenträgers gesteuert wird. Die Prothese (jeder Art) ist ein Ersatz für ein Organ oder einen Körperteil etwa im Sinne eines mechanischen Funktionierens. Aber was „Gehen" ist, muß vorher „lebensweltlich" gewußt und gekonnt sein. Erkennen als Problemlösen anhand von Erfolg und Mißerfolg im Handeln ist primär Lebensbewältigung in den tatsächlichen, kultürlichen Umwelten, in denen die Wände des Hauses (als mechanische Bewegungsgrenzen) hinter den Mitmenschen an Bedeutung weit zurückstehen.

Ist man erst einmal darauf aufmerksam geworden, daß Begriffe wie Alltagsleben und Lebensbewältigung unangemessen verengt wenn nicht gar völlig fehlinterpretiert werden, wo sie unter einen biologischen Blickwinkel geraten, zeigen sich sogleich auch andere Folgen für das Erkenntnisproblem.

Wird dies etwa als Körper-Geist-Problem interpretiert, fällt auf, daß diese Einteilung selbst erst einmal verfügbar und geklärt sein muß, und zwar mit Bezug auf das Alltagsleben und seine Bewältigung. Der Vollzug von Handlungen im Alltagsleben – man veranschauliche sich dies z. B. an einem Spaziergang – zerfällt erst einmal nicht in die Aspekte des Körperlichen und Geistigen. Erst zu bestimmten Zwecken wie der Ermittlung der durchschnittlichen Gehgeschwindigkeit oder des Kalorienverbrauchs ist eine physikalische Beschreibung des Spaziergangs auf den Aspekt der Bewegung eines physikalischen Körpers reduziert; und erst die Frage, welcher Spazierweg der schönere oder erholsamere ist, hebt an dieser Handlung einen Aspekt des Geistigen hervor. (Es war oben auch nicht ein altmodischer Sprachstil oder eine philosophische Marotte, daß von menschlichem „Leib" und nicht von „Körper" die Rede war, auch wenn im heutigen Sprachgebrauch in Verbindungen wie „Körperpflege" usw. der Unterschied von Leib und Körper nicht mehr gemacht wird – wohl eine weitere Übernahme aus dem Englischen, das beide Wörter mit *body* übersetzt. Vielmehr ist es selbst ein naturwissenschaftlicher Aspekt, unter dem ein Leib als Körper erscheint. Hier genügt zur Unterscheidung: Körper ist ein physikalischer Begriff, wonach auch Teile eines Körpers wieder Körper sind. Leib ist ein Begriff für Lebendiges, wonach Teile eines Leibes nicht selber lebensfähige Leiber sind.) Das heißt, das Körper-Geist-Problem (analog das Leib-Seele-Problem) stellt sich erst in einer bereits geleisteten Unterscheidung der beiden Aspekte. Gegen Descartes, der hier zwei verschiedene Substanzen annahm, würde man modern ohnehin nur von zwei verschiedenen Beschreibungsaspekten ein und derselben Sache (wie beim Spaziergang) sprechen.

Das Erkenntnisproblem im Zusammenhang mit der individuellen Lebensbewältigung zu diskutieren, heißt also zugleich, sich der naturwissenschaftlichen Brille bewußt zu werden, durch die erst der Blick auf ein Körper-Geist-Problem entsteht. Erkennen im Alltagsleben hat damit nichts zu tun. Dies gilt insbesondere für eine heute höchst umfangreiche Diskussion des Körper-Geist-Problems in der sogenannten analytischen Philosophie des Geistes, die genau dort, nämlich bei verschiedenen Definitionen dieses Problems und bei verschiedenen Lösungsstrategien, ansetzt. Aber die Konstitution des Problems selbst wird dabei naiv übergangen, d.h. vor allem unter Ausschluß historisch bereits erreichter philosophischer Kenntnisse in Sprachphilosophie und Wissenschaftstheorie. Wo etwa einerseits von einer physikalisch kausal geschlossenen Welt gesprochen wird, andererseits Eingriffe in diese Welt durch den (geistigen) Entschluß eines Menschen, einen Stein zu werfen, für möglich gehalten werden, und wo umgekehrt das Getroffenwerden von einem Stein als Schmerzerlebnis, d.h. als wiederum geistiger Vorgang interpretiert wird, hat man selbstverständlich ein Körper-Geist-Problem formuliert. Ist die physikalische Welt nun kausal geschlossen oder nicht? Aber daß „physikalisch" ein Adjektiv zur Bezeichnung einer wissenschaftlichen Disziplin ist, die selber aus Handlungen besteht, welche in der Laborforschung zweckrational in die Welt der physikalischen Körper eingreifen, wird dafür nicht mehr reflektiert. Physik kommt wie ein Naturstück vor. Deshalb werden wir auch hier nicht weiter auf die Philosophie des Geistes eingehen, weil sie in ihren Prämissen – trotz der großen Varianz einzelner Ansätze – gegenüber Sprache und Naturwissenschaften von unreflektierten und erkenntnistheoretisch höchst problematischen Vorentscheidungen ausgeht.

Auch das oben (vgl. S. 60) als zweites genannte Realismus-Problem wird als Folge einer naturwissenschaftlichen Betrachtungsweise erkennbar, sobald ein Anfang des Erkennens bei der Bewältigung des Alltagslebens gewählt wird. Es ist gleichsam das Modell des Organismus, der einer Umwelt gegenübersteht (in der unter anderem auch andere Organismen vorkommen), in dem das Realismus-Problem auftaucht: Wie sind die physikalisch, chemisch und biologisch beschreibbaren Wechselwirkungen zwischen dem Erkenntnissubjekt und der als Erkenntnisobjekt gedachten Umwelt zu bestimmen? Umwelt, verallgemeinert zu Realität, wird als Quelle von Kausalwirkungen auf den Organismus gesetzt; dadurch kommt die Frage auf, wie man Existenz und Beschaffenheit der Realität erkennen könne, um solche Kausalwirkungen mit den Methoden der Naturwissenschaften untersuchen zu können. (Besonders dramatisch wird dieses Modell bei der Interpretation der Erkenntnis durch den Radikalen Konstruktivismus in der systemtheoretischen Form von Maturana und Varela, vergleiche S. 89).

Im Alltagsleben und in der Biographie eines Individuums werden andere Einteilungsschemata gewählt als das Subjekt-Objekt-Schema oder gar das erkenntnistheoretische Realismus-Problem als Problem der Abbildung subjektunabhängiger Wirklichkeit im Subjekt. Die Bewältigung des Alltagslebens geschieht nicht primär als kausale Wechselwirkung als vielmehr als Einbettung in Handlungs- und Sprachzusammenhänge. Menschenunabhängige Realität wird dabei später ein höchst künstliches Begriffskonstrukt, das bei oberflächlicher Verwendung noch nicht einmal z. B. für tote Objekte den Unterschied von natürlich (wie einem Fels) und künstlich (wie einem Turm) abdeckt. Ja, noch nicht einmal bei den vermeintlich natürlichen Objekten wie Tieren und Pflanzen (und ihrem als naturgesetzlich betrachteten Leben) ist die Unterscheidung von natürlich und künstlich ohne begriffliche Konstruktion einfach gegeben; ob man nun gezüchtete Tiere und Pflanzen oder nur die von Nebenwirkungen der technischen Zivilisation betroffenen Exemplare nimmt, immer wird erst zu klären sein, welche Eigenschaften und Vorgänge beabsichtigte oder unbeabsichtigte Folgen menschlichen Eingriffs sind, und wie der davon unabhängige Aspekt einer natürlichen Realität bestimmt werden kann.

Kurz, erst im Schlepptau der Naturwissenschaften bildet sich das Verständnis aus, wonach Leben und Lebensbewältigung beim Stoffwechselprozeß, beim Körper-Geist-Problem oder beim Realismus-Problem anzusetzen hätte. Die Suche nach einem voraussetzungsarmen Anfang für die Lösung des Erkenntnisproblems dagegen führt auf die einzelne Person, die in Handlungs- und Redegemeinschaften unter historisch gewachsenen und bewährten Bedingungen ihr Leben zu bewältigen hat.

4. Erkennen als Gelingen und Scheitern

An die Stelle der traditionellen Gegensätze, die sich als Folge einer naturwissenschaftlich orientierten Betrachtung des Erkenntnisproblems ergeben haben, treten nach den Ergebnissen der vorangegangenen drei Abschnitte dieses Kapitels ganz andere Gegensätze. Einmal ist es der zwischen dem erkennenden Subjekt und den mithandelnden und mitsprechenden Menschen, die mit zunehmender Differenzierung des Erkenntnisvermögens beim Individuum mehr und mehr als Gemeinschaft, als Kollektiv erscheinen. Daran wird sich die Frage anschließen, wie eine für das Individuum verbindliche Erkenntnis eine kollektive Verbindlichkeit gewinnen kann – man spricht dann von Allgemeingeltung –, und wie umgekehrt das Individuum mit allgemeingültigen Erkenntnissen umzugehen hat – hier geht es um die von der Allgemeinheit übernommene und nicht durch eigene Praxis erworbene Erkenntnis.

Ein weiterer Gegensatz wird der zwischen sprachfreien, z.B. handwerklichen Erkenntnissen und sprachlich formulierten oder gar sprachlich reflektierten Erkenntnissen sein. In Stichworten gegenübergestellt geht es also um das Verhältnis von Können und Kennen, sowie von Kennen und Wissen, was in philosophischen Zusammenhängen häufig als *know-how* und als *know-that* oder auch als Weltwissen bezeichnet wird, von dem ein Reflexionswissen noch einmal zu unterscheiden ist.

Ein weiterer Gegensatz wird darin liegen, zum einen Erkenntnisse zu haben, die sich in der oben dargestellten zwangsläufigen Ordnung etwa handwerklicher oder technischer Entwicklungsprozesse ergeben, dann solche, die entsprechende Abhängigkeiten im Aufbau von Sprachstücken betreffen (z.B. natürliche Zahlen vor ganzen, vor gebrochenen, vor irrationalen Zahlen) und zuletzt solche, die ohne jede Verbindung zueinander, also kontingent und sich gegenseitig nicht ausschließend, vorkommen können.

Schließlich wird ein wichtiger Gegensatz darin liegen, die Rollen der Sprache für den Gewinn und die Beurteilung von Erkenntnissen danach zu unterscheiden, ob Sprache primär ein Mittel zur Kommunikation von Menschen in Handlungs- und Sprachgemeinschaften ist (und dort, grob gesprochen, der Organisation des Zusammenlebens dient und dazu mehr auffordernden als beschreibenden Charakter hat), oder ob Sprache als Mittel zur Gewinnung und Beurteilung von Erkenntnissen darstellenden Charakter haben muß (mit dem Folgeproblem, daß die Kriterien für das Zutreffen oder Nichtzutreffen von Darstellung und Beschreibung selbst wieder normativen, d. h. auffordernden Charakter haben).

Betrachtet man diese Liste von Aspekten, die als Gegensatzpaare in die Frage „Was ist Erkenntnis?" eingehen, so gewinnt der Anfang bei der Bewältigung des Alltagslebens deutlich andere Konturen als in naturalisierenden Ansätzen. Der Handlungs*vollzug* im Gegensatz zur Handlungs*beschreibung* war hier bereits genannt. Zum Vollzug als dem aktiven Teil des Alltagslebens gehört komplementär das Erleben als der passive Teil. Für beide gilt: Beginnt man über sie nachzudenken und zu sprechen, geht es zuerst um den Aspekt der Betroffenheit. Der Mensch, der selbst handelt oder erlebt, ist sich seiner Betroffenheit, also daß er selbst es ist, der da handelt oder erlebt, völlig gewiß – ganz im Sinne der cartesischen Antwort auf seine Zweifel, ganz im Sinne aber auch eines phänomenologischen Ansatzes. Die Begriffe Vollzug, Erleben und Betroffenheit haben dagegen in naturalisierten Erkenntnistheorien definitiv keinen Platz. Dort herrscht die Perspektive des distanzierten, naturwissenschaftlichen Beobachters, dessen Objektivitätsansprüche gerade seine eigene Betroffenheit als forschender Akteur überschreiten oder überwinden sollen.

Die Betroffenheit des handelnden und erlebenden Menschen begründet seine ausgezeichnete Zuständigkeit, an den eigenen Handlungen kompetent zu beurteilen, ob sie gelingen oder mißlingen. Gewissermaßen werden Erfolg oder Mißerfolg im eigenen Handeln erlebt, d. h. das Handeln ist nicht etwa nur einsinnig vom handelnden Subjekt auf andere Personen oder Dinge gerichtet, sondern ist ein Komplex von Aktivität und Erleben der Folgen. Hier wird sichtbar, daß naturwissenschaftliche Beschreibungen erkenntnisgewinnender Prozesse (wie z. B. der Entstehung eines Netzhautbildes im Auge und dessen Weiterverarbeitung im Nervensystem) für das Erkenntnisproblem unangemessen an einem technischen Modell orientiert sind. Die Erzeugung eines guten Bildes durch ein Linsensystem in einer Kamera oder dessen Weiterverarbeitung in einem Videogerät sind ja keine Prozeduren der Erkenntnisbildung, sondern dienen nur Transformationen von

Bildern zu dem Zweck, daß an ihrem Ende wieder ein erkennender Mensch diese Bilder betrachtet. Hier bestätigt sich, daß die naturwissenschaftlich-technische Betrachtungsweise eines Erkenntnisvorgangs bereits investiert, was als Erkenntnisvorgang im Sinne eines Handlungsvollzuges und der Betroffenheit des dabei erlebenden Menschen stattfindet.

Entscheidend bleibt schließlich für die Frage nach der Erkenntnis ihr Zusammenhang mit Gelingen und Mißlingen, mit Erfolg und Mißerfolg. Diese Gegenüberstellung ist aber nur für authentische Handlungsvollzüge sinnvoll. Ein Vorgang, ein Gerät, ein Werkzeug, sind nur erfolgreich oder erfolglos als Mittel zu Zwecken, die von Menschen gesetzt werden, betreffen also deren Handlungen des Konstruierens, Herstellens und Benützens. Die in der Biologie ganz geläufige Rede von einem erfolgreichen Verhalten oder einer erfolgreichen Mutation im Evolutionsgeschehen verwischt dagegen, daß hier das menschliche Handlungsmodell, und sei es in Form der Erklärungszwecke des wissenschaftlichen Biologen, im Hintergrund steht. In der Natur ist überhaupt nichts erfolgreich oder erfolglos, gelingt nichts und mißlingt nichts, weil das Erreichen und Verfehlen von Zwecken auf die Domäne des Handelns von Menschen in der Lebensbewältigung beschränkt ist.

Damit gewinnt schließlich auch die Gegenüberstellung von Erkennen und Erkenntnis als Vorgang und Resultat klarere Konturen. Erkennen als Vorgang wird als das Zusammenwirken von Handeln und Erleben zu bestimmen sein, während die Erkenntnisse als Resultat nur dann Gegenstand einer Diskussion sein können, wenn über Handlungen und Erlebnisse reflektiert, und das heißt im Sinne expliziter Kontrollierbarkeit, gesprochen wird. Resultate bilden sich als Gegenstände einer Beurteilung. Diese Beurteilung setzt bei den Unterscheidungskriterien für Gelingen und Mißlingen an – und nicht bei der Angleichung an eine Wirklichkeit oder objektive Realität. Oder anders formuliert, die Wirklichkeit, die über Gelingen und Mißlingen von Handlungen entscheidet, ist nicht unabhängig von den Zwecken und Mitteln der handelnden und erlebenden Menschen. Pointiert gesagt, die Wirklichkeit der Erkenntnis ist das Bewirkte.

Damit sollen die Vorüberlegungen zur Frage „Was ist Erkenntnis?" in einem systematischen Sinne abgeschlossen sein.

V. Was ist Erkenntnis?

Die Überlegungen in Kapitel IV sollten unter anderem auf einige Gefahren aufmerksam machen, denen sich heute ein systematischer Ansatz gegenübersieht:

- Das philosophische Staunen steht im Verdacht, eine stillschweigende Fixierung auf vorfindliche Lehrmeinungen zu enthalten und im Gegenentwurf dazu von der überwundenen Auffassung unerkannte Schwächen zu übernehmen.

- Ein zweites Risiko ist, bildlich gesprochen, das bücherwissenschaftliche Vorurteil der Philosophie, es käme auf Kultur nur in Form von Texten, von Sprachstücken an. Ein kultürliches Leben der Menschen ist jedoch, was die dafür zu erbringenden Erkenntnisse angeht, zu einem erheblichen Teil Handwerk, genauer: gelingendes sprachfreies Handeln. Mehr noch, beim besten Willen ist die Frage „Was ist Erkenntnis?" nicht im totalen, archaischen Naturzustand aufzuwerfen, sondern stellt sich nur Menschen, denen Kultur als bewährte Technik schon vorhanden ist.

- Als drittes Risiko war die naturalistische Falle erkannt worden, den Menschen gleichsam in einer Umkehrung von Ausblendungs- und Beschränkungsprozessen, die für die Anliegen der Naturwissenschaften höchst sinnvoll sind, ausgehend von einem tierlichen oder organismischen Urzustand dadurch zu konstruieren, daß er als Tier immer überlebensschwächer und kompensatorisch als Techniker oder Kulturträger immer erfolgreicher wird. Schon ein Blick auf die individuellen biographischen Entwicklungen von Fertigkeiten zeigt, daß die Bewältigung sogenannter Naturbedürfnisse als eigenständige Leistung der Person erst nach Erwerb von sozialen Kompetenzen stattfindet.

Schließlich sprachen in diesen Vorüberlegungen gute Gründe dafür, Erkennen an Handeln und Erleben anzuschließen und mit Gelingen und Scheitern in Verbindung zu bringen. Vor allem die unverzichtbare Unterscheidung von Erkenntnis und Irrtum soll über Erfolg und Mißerfolg gewonnen werden. Nicht nur das Erkennen selbst, vor allem seine Einbettung in Handeln und Erleben, das an Handlungs- und Sprachgemeinschaften mit anderen Menschen gebunden ist, drängt geradezu die Frage nach Sinn und Zweck von Erkenntnissen, kurz die Frage „Wozu Erkenntnisse?" auf, wo es um einen neuen Vorschlag ihrer Bestimmung geht.

Da (wie im Programm dieses Buches erläutert) die hier angebotene systematische Antwort selbst auf eine Erkenntnis führen soll, muß sie sich dem Anspruch auf Nachvollziehbarkeit durch den Leser stellen. Auch der leicht sich einstellende Verdacht von Naivität, Utopismus oder Selbstüberschätzung ist für einen neuen Versuch aufzunehmen: Was sollen alternativ denn die effizienten Mittel, die erfolgversprechenden Strategien und Erfolgsaussichten sein, nachdem ja oben geradezu das Bild der in eine gemeinsame Richtung konvergierenden Entwicklungen von Naturwissenschaften und modernen Philosophien gezeichnet wurde, deren Schwächen der neue Versuch zu vermeiden hat?

Hier ist nicht mehr anzubieten als die kritische Prüfung aller Einzelschritte einer Antwort durch den Leser. Diese soll dadurch ermöglicht werden, daß die sprachlichen Mittel für die Antworten mit Umsicht von Unklarheiten und Vorurteilen der Bildungssprache befreit und für den vorliegenden Zweck hinreichend klar bestimmt werden. Dazu wird dem Leser zuzumuten sein, daß manches ganz geläufige Wort seiner eigenen Alltagssprache für bestimmte Verwendungen zu reservieren ist und dazu von anderen Verwendungen freigehalten werden muß – gemeint ist immer nur ein Vorschlag einer Verwendungsweise in einem speziellen Zusammenhang. Dies soll zunächst für den Bereich des Handelns und Erlebens versucht werden.

1. Handlung und Widerfahrnis

Hier geht es nicht darum, Handeln allererst zu lehren, ja noch nicht einmal darum, Handeln von Verhalten, Erleben und Widerfahrnis zu unterscheiden; denn diese Unterscheidungen hat jeder sozial hinreichend kompetente Mensch als Vollzug bereits zur Verfügung. Oben wurde gesagt, daß vielfach nur an das zu erinnern sei, was nicht nur keiner bestreitet, sondern fast jeder schon weiß.

Jeder Mensch hat gelernt zu unterscheiden zwischen dem, was ihm andere und er/sie selbst sich als Schuld oder Verdienst zurechnen, und dem, was an der eigenen Person sich gleichsam von selbst abspielt (wie Atmung und Verdauung, Erschrecken und Zusammenzucken, Stolpern und Niesen und vieles andere). Unter normalen Verhältnissen unseres Kulturkreises wächst ein Mensch lernend in eine Handlungs- und Sprachgemeinschaft mit anderen Menschen dadurch hinein, daß er mit Lob und Tadel, mit Anerkennung und Mißachtung, mit Belohnung und Bestrafung (welcher Form auch immer) bedacht wird. Demgegenüber wäre es für die soziale und sittliche Entwicklung eines Individuums katastrophal, würde z.B. bei einem grausamen psychologischen Experiment ein Heranwachsender immer nur für das gelobt oder getadelt, wofür er nichts kann, seine Verdienste und Fehlleistungen hingegen ignoriert. Außerdem verlangt unser Rechtssystem (u.a. mit Hilfe der Unterscheidung von vorsätzlich, fahrlässig und schuldlos) die Anerkennung der Zurechenbarkeit.

Die erste Unterscheidungsabsicht betrifft also das Wortpaar „Handlung" versus „Verhalten". In der deutschen Alltagssprache sprechen wir von „Verhalten" leider in wenigstens zweifacher Hinsicht mehrdeutig: Einmal verwenden wir das Wort „Verhalten" so allgemein, daß das ganze Spektrum von Vorgängen darunter fällt, an dessen einem Ende das Verhalten eines Steins steht, sich in der Sonne zu erwärmen oder im Wasser unterzugehen, und an dessen anderen Ende das „Verhalten" als heroische Tat steht, bei der ein Schiffsführer sein Leben einsetzt, um seine Passagiere zu retten. Kurz, „Verhalten" wird so allgemein verwendet, daß es gerade nicht zwischen natürlichen, naturgesetzlichen und naturwissenschaftlich beschriebenen Vorgängen einerseits und Handlungen andererseits unterscheidet, von denen man in deutscher Bildungssprache sagt, sie seien bewußt, absichtlich (oder lateinisch: intentional) vollzogen. Die zweite Mehrdeutigkeit betrifft einen Einfluß, der von psychologischen und soziologischen Theorien nach dem Vorbild der Naturwissenschaften ausgeht und Handlungen von Menschen zum Gegenstand erfahrungswissenschaftlicher Beobachtung und Beschreibung macht. Dann ist die Rede z.B. davon, daß man sich „zu etwas verhalten" müsse, daß Angehörige bestimmter Gruppen ein „typisches Verhalten" zeigen usw. Von dort aus hat sich der Sprachgebrauch eingebürgert,

Gewohnheiten des Handelns, also gleiches oder ähnliches Handeln in gleichen oder ähnlichen Situationen, ein „Verhalten" zu nennen.

Um dagegen die hier gemeinte Unterscheidungsabsicht terminologisch hervorzuheben, werden wir deshalb von Handeln im Gegensatz zu „bloßem Verhalten" sprechen.

Eine zweite Unterscheidungsabsicht bezüglich des Wortes „Handeln" betrifft die Gegenüberstellung zum Widerfahrnis. Dauernd im Laufe des Alltagslebens stößt dem Menschen etwas zu. Ob das Wetter gut oder schlecht ist, das Essen gut oder schlecht schmeckt, eine Zahnbehandlung schmerzhaft ist oder nicht sind Beispiele dafür. Ereignisse, die einem zustoßen, sollen „Widerfahrnisse" heißen. Diese können also z. B. Naturereignisse wie das Wetter, Ereignisse an Kulturerzeugnissen wie beim schmeckenden Essen oder Handlungen anderer Menschen wie die Maßnahmen des Zahnarztes sein. Aber auch die oben angegebenen Beispiele für bloßes Verhalten wie Atmung (und ihre Beschleunigung beim Laufen), Verdauung (und ihre Störung bei falscher Ernährung), Erschrecken und Niesen sind Beispiele für Widerfahrnisse.

Mehr noch, es stößt dem Menschen auch zu, ob ihm seine Handlungen gelingen oder mißlingen: Ob jemand mit einem Wurf oder Schuß sein Ziel trifft oder verfehlt, stößt ihm zu. Ob dem Koch das Gericht, dem Turmspringer der Sprung oder dem Grüßenden der Gruß gelingt, hat den Charakter eines Widerfahrnisses.

Mehrfach wurden bereits die Wörter „Gelingen" und „Mißlingen" sowie „Erfolg" und „Mißerfolg" von Handlungen verwendet. Auch hier sind mehrere Fälle auseinander zu halten: Der von Punktrichtern bewertete Sprung eines Turmspringers betrifft sozusagen die Übereinstimmung mit dem Prototyp eines perfekten Sprungs, also eines Handlungsschemas, das mit Fachausdrücken wie „Doppelsalto rückwärts" belegt wird. Anders ist das Ge- und Mißlingen bei Wurf und Schuß, wo der Flug des Projektils vom Schützen nachträglich nicht mehr handelnd beeinflußt werden kann, wieder anders beim Koch, der durch Nachregulieren der Backofentemperatur auf das Ereignis des Backens Einfluß nimmt, oder beim Gärtner, der nach Anpflanzung durch Gießen und andere Handlungen das Ergebnis des Pflanzenwachstums beeinflußt.

Zur genaueren Fassung dieser Unterschiede wollen wir von Handlungen sagen, daß sie Zwecke verfolgen. Obwohl Zwecke, bezogen auf das unmittelbare Vollziehen einer Handlung, zu diesem in der Zukunft liegen, sind sie keine gefährlichen metaphysischen oder fiktiven Gegenstände. Wer mit dem Bogen auf eine Zielscheibe schießt, verfolgt den Zweck, daß der Pfeil möglichst auf der Mitte der Scheibe auftrifft. Von diesen Beispielen, bei denen Ziel und Zielen wörtlich gemeint sind wie beim Schießen und Werfen, leitet sich das etymologisch verwandte „Zweck" ab (vom Zweig, an dem die Zielscheibe aufgehängt wurde) und wird auf alle Handlungen ausgedehnt. Zwecke oder Ziele sind Sachverhalte, die durch Aussagen dargestellt werden können. Der Zweck des Kochens ist die Verfügbarkeit der Speisen, der Zweck des Grüßens, daß der Gegrüßte sich gegrüßt fühlt.

In philosophischen Handlungstheorien werden dazu Differenzierungen weit getrieben. Wir können im Handeln Haupt- und Nebenzwecke verfolgen, können bewirken, was wir zuerst als Nebenwirkung nicht beabsichtigt hatten, können noch einmal Vorschläge für die Unterscheidung von Zweck und Ziel machen und begründen (die wir hier der Einfachheit halber synonym verwenden) usw. Hier soll es jedoch nicht um eine elaborierte Handlungstheorie gehen, sondern nur um die Benennung einiger elementarer Unterscheidungen und um ihr philosophisches Verständnis, damit bezüglich des Sprachgebrauchs Handeln und Erleben für das Gewinnen von Erkenntnissen hinreichend scharf abgegrenzt sind.

Gelingen und Mißlingen, Erfolg und Mißerfolg lassen sich etwa als Erreichen und Verfehlen des bezweckten Sachverhalts bestimmen. Auch das Gelingen eines Handlungsschemas wie beim Turmspringer läßt sich darunter fassen. Dieses Gelingen steht außerdem unter dem Zweck, im Wettkampf eine möglichst hohe Punktezahl zu erringen, nur marginal unterschieden vom Fall des Schützen, wo das Ereignis, das im Flug des Pfeils besteht, keine Handlung mehr ist und z.B. durch eine plötzliche Windböe gestört werden kann.

Handlungen lassen sich nach vielen Aspekten in Gruppen einteilen. Die für dieses Buch wichtigste Einteilung war bereits häufig genannt und benutzt worden, nämlich die in die sprachlichen und in die nicht-sprachlichen Handlungen. Handwerkliches

Herstellen ist selbst ein Teilbereich der nicht-sprachlichen Handlungen; genauer müßte man sich, in weiteren terminologischen Vorschriften, entscheiden, ob man es bei den nicht-sprachlichen Handlungen, von A nach B zu gehen, ein Lied zu pfeifen, ein Klavierstück zu spielen, Bücher in ein Regal einzuräumen usw. ebenfalls mit herstellenden Handlungen zu tun hat.

Eine andere Unterscheidungsabsicht betrifft die Sprachhandlungen selbst, für die sich als Grobeinteilung empfiehlt: das auffordernde, das behauptende und das performative Sprechen. Zum auffordernden Sprechen zählen auch die Fragen, die verschiedenen Formen des Aufforderns von der Anregung und der Bitte bis zum Befehl, generelle und universelle, d.h. an alle Personen gerichtete oder für alle Fälle gedachte Postulate, Prinzipien, Normen usw. Zu den Sprachhandlungen des Behauptens gehören Untergruppen wie das Darstellen, das Beschreiben, das Konstatieren, das Bekunden usw. und zu den performativen Sprachhandlungen die des Versprechens, Gratulierens, Kondolierens, Grüßens usw. Kurz, je nach Zweck und theoretischer Ausarbeitung lassen sich die sprachfreien wie die sprachlichen Handlungen in eine Fülle von gut unterschiedenen Gruppen einteilen, die vor allem wieder für die Frage des Gelingens und Mißlingens verschieden zu behandeln sind (wie sich jeder Leser selbst vor Augen führen kann). Schließlich sei erwähnt, daß auch individuelle von kollektiven Handlungen zu unterscheiden sind. Bei letzteren ist das Mitmachen anderer Menschen eine Bedingung der Möglichkeit des Vollzugs. Ein Wettlauf, ein Gespräch, konzertantes Musizieren, Mannschaftsspiele usw. sind Handlungen, die nicht ein Individuum allein ausführen kann, sondern die nur gemeinsam ausgeführt werden können. Und manche können nur gemeinsam gelingen, wie das Hochheben eines Autos mit bloßen Händen.

Laufend wurde bisher außerdem die Rede vom „Handlungsvollzug" bereits verwendet. Der Vollzug stehe, wurde oben gesagt, im Gegensatz zur Beschreibung und zur Reflexion einer Handlung. Auch diese Unterscheidung ist jedem Menschen völlig geläufig, weil es z.B. höchst unterschiedlich gehandhabt wird, einen Mord zu begehen und einen Mord zu beschreiben, etwa als Journalist, Polizist oder Autor eines Kriminalromans. Daß der einzelne Vollzug immer ein einmaliges Ereignis ist, während

Handlungen allgemein als Handlungsschemata – man vergleiche das Beispiel des Turmspringens – benannt oder diskutiert werden können, ist ebenfalls jedem Laien geläufig.

Deshalb hat es auch nur erläuternden Charakter, wenn als charakteristisch für Handlungen (im Unterschied zu bloßem Verhalten) aufgezählt wird: Handlungen können ge- oder mißlingen; Handlungen kann man unterlassen; zu Handlungen kann man sinnvoll auffordern (sinnvoll nach den Üblichkeiten unserer Alltagssprache), während alles dieses für das bloße Verhalten nicht gilt.

Erleben schließlich bezieht sich auf Widerfahrnisse, d.h. Widerfahrnisse werden erlebt. Daß solche Erlebnisse sich auf sehr verschiedene Vorgänge (und die in ihnen vorkommenden Dinge) beziehen können, ergibt sich bereits aus der Unterscheidung verschiedener Widerfahrnisse. Ob Natürliches oder Kultürliches, ob einmalig, wiederholt oder sogar durch Handlungen beliebig Wiederholbares erlebt wird – dies alles sind zusätzliche, für verschiedene Zwecke und auf verschiedene Situationen anwendbare Unterscheidungen.

Als letzte terminologische Präzisierung sollen Handlungsresultate von Handlungsfolgen unterschieden werden. Wer einen Kuchen bäckt, dazu die richtigen Zutaten hat und alles nach Rezept richtig macht, wird als Handlungsresultat einen Kuchen dem Ofen entnehmen können. Handlungsfolgen dagegen reichen dabei von der Nicht-mehr-Verfügbarkeit der verbrauchten Zutaten über die Erwärmung der Küche durch das Backen bis zur neuen Ausgangssituation, in der man für die (vergessene und wieder erinnerte) Geburtstagseinladung ein geeignetes Mitbringsel hat. Handlungsresultate (synonym: Handlungsergebnisse) sind die durch die Handlung realisierten Zwecke. Handlungsfolgen sind dagegen Sachverhalte, die sich daraus ergeben. „Sich ergeben" kann selbst aber wieder höchst verschiedenartig sein, von der direkten logischen Folge (wer heiratet, ist kein Junggeselle mehr) über rechtliche Folgen (wer das 18. Lebensjahr vollendet, ist wahlberechtigt), praktische Folgen (wer einen Apfel verspeist, verhindert, daß ein anderer Mensch ihn essen kann) zu empirischen Folgen (wer seine Blumen mit Salzwasser gießt, wird ihr Verwelken bewirken).

Mit diesen, vor allem an Beispielen und Gegenbeispielen bestimmten Unterscheidungen steht die Sprache zur Verfügung, mit der erläutert werden kann, was Erkennen mit Bezug auf Handeln und Erleben ist.

2. Erkennen als Können und Reflexion

Zunächst sei ein Blick auf ein paar harmlose Wörter der Alltagssprache geworfen, allerdings mit der Vorsicht gegenüber Alltags- und Bildungssprache, die in Kapitel I nahegelegt wurde. Die Alltagssprache wird also dabei nicht als Autorität betrachtet, die über philosophische Probleme entscheidet. Sie hat lediglich für sich, daß sie sich wie ein Naturgewächs nach Gesichtspunkten der Brauchbarkeit und Sparsamkeit herausgebildet hat; allerdings wie ein Naturgewächs, an dem sich schon viele theologische, philosophische, wissenschaftliche und politische Gärtner versucht haben. Vorsicht ist also angeraten.

Der Beginn beim individuellen Handeln und Erleben im Vollzug des Alltagslebens auf einer Kulturstufe legt noch einmal spezieller einen Anfang beim Erwerb von Handlungsfähigkeiten nahe. Was heißt es, Handeln zu können? Und wie verhält sich Handelnkönnen, im Sinne von Fähigkeiten und Fertigkeiten speziell des gelingenden Handelns, zu den Vorgängen und Zuständen, die man alltagssprachlich mit Wörtern wie „Kennen", „Erkennen" und „Wissen" belegt?

Den Fehler der Mundwerker vermeidend, die sprachfreien Handlungen und das Handwerk zu ignorieren, wird der Erwerb erster Fertigkeiten im Laufe eines menschlichen Lebens bei sensomotorischen Handlungen wie dem Gehenlernen anzusetzen sein. Das Wort sensomotorisch ist hier freilich selbst schon szientistisch irreführend. Denn wenn auch das Kleinkind erst einmal die Fähigkeit erwerben muß, sich aufzurichten und auf den Beinen zu halten, ist diese (einem zweibeinigen Roboter höchst schwierig beizubringende) Leistung beim Kleinkind sozusagen nur ein spezieller Aspekt der Fertigkeit, gehend dort hinzukommen, wohin es gehen möchte. Kurz, der zweibeinige Roboter ist in seiner Funktion technisch bestimmt ohne Einbindung in einen zweckgerichteten Selbstbewegungsvorgang und funktioniert, wenn er stupide geradeaus geht. Für das Kleinkind ist eine solche Funktion nur Mittel für das erfolgreiche Ankommen, also eingebunden in einen Handlungs- und Zweckzusammenhang.

Von „Können" sprechen wir also üblicherweise, wenn Handlungsschemata wie Gehen, Schwimmen, Radfahren und andere der eigenen Körperbewegung und Körperfortbewegung erworben und beherrscht werden.

Im selben alltagssprachlichen Sinne wird auch der Erwerb der Fähigkeiten verstanden, zu sprechen, Sprache zu verstehen, zu schreiben und zu lesen und, damit verbunden, die Beherrschung eines aktiven und passiven Wortschatzes auszuweiten. Ja, sogar die Beherrschung von Fremdsprachen, die umgangssprachlich in Formulierungen wie „er kann seine Vokabeln" oder „sie kann Italienisch" beschrieben wird, wird als Können bezeichnet.

Man wird man geneigt sein, das Zählen und Rechnen in denselben Typ von Können zu fassen. Ja es scheint, als sei ein großer Teil klassischer Schulbildung als Erwerb solchen Könnens anzunehmen, bis hin zu der Fähigkeit, einen Erlebnis-, einen Besinnungsaufsatz, einen Sachbericht, eine Bildbeschreibung oder eine Gedichtinterpretation verfassen zu können. Bei Fächern wie Geographie, Biologie, Physik, Geschichte und Gemeinschaftskunde dagegen wird man eher von einem Wissenserwerb sprechen, weil jemand weiß, welches die Hauptstadt von Chile ist, wieviele Flügel eine Libelle hat, wie die Fallgeschwindigkeit von der Fallhöhe abhängt oder wann Karl der Große zum Kaiser gekrönt wurde. Eine erste Vermutung dazu könnte lauten: Können sei eine Fertigkeit, bestimmte Handlungen immer wieder und hinreichend oft erfolgreich auszuführen. Wissen sei dagegen der Besitz von zutreffenden Behauptungen. Oben wurde dafür schon die Gegenüberstellung von *know-how* und *know-that* gebraucht. Nun wird Wissen auf Können anwendbar: *know-how* ist Wissen, „wie" etwas geht, *know-that* ist Wissen, was der Fall ist, dargestellt in zutreffenden Behauptungen. Allerdings ist diese Gegenüberstellung weit weniger klar, als es auf den ersten Blick scheint.

Um dies zu verdeutlichen, wird ein weiteres Alltagswort herangezogen, nämlich „Kennen". Die häufigsten Sprechweisen sind etwa, daß man eine Person kennt (persönlich, nur dem Namen nach, aus der Presse usw.); dann, daß man selbstverständlich seinen eigenen Namen, sein Geburtsdatum, seine Schuhgröße usw. kennt, was im Unterschied zur Personenkenntnis sich immer sogleich in zutreffenden Behauptungen (z.B. „Ich heiße Max, bin am 9. 9. 1979 geboren und habe Schuhgröße 41") äußern läßt.

Wieder im Unterschied dazu kennt man die eigene Wohnung so gut, daß man sich in ihr auch im Dunkeln zurechtfindet, kennt Dinge des täglichen Gebrauchs wie die eigene Geldbörse, die eigenen Schuhe, den eigenen Schlüsselbund (was mit großer Treffsicherheit zu Aussagen wie „Dies ist mein Schlüsselbund", aber zu notorischen Unsicherheiten führt, wenn etwa bei Verlust derselben eine zutreffende Beschreibung gegeben werden soll). Schließlich kennt man den besten Pizzabäcker am Ort, eine Abkürzung durch den Stadtpark, eine Hausmedizin gegen Schnupfen und anderes mehr.

Diese Beispiele für Kennen erweisen sich bei näherem Zusehen als zwiespältig in dem Sinne, daß einige mehr dem Typ von Können angehören, die anderen mehr dem Typ von Beschreibungswissen. Hofft man, aus einer Klärung der Rede vom Kennen zumindest Anregungen zu gewinnen dafür, wie anschließend von einem Erkennen die Rede sein soll, wird also zu klären sein, ob nicht die Redeweisen vom Kennen einen Hinweis auf die Verbindung von Können und Wissen nahelegen. (Man sieht an diesen weichen Formulierungen, daß hier nicht aus einer strikten Analyse der Alltagssprache verbindliche Lösungen gewonnen werden sollen, sondern nur Anregungen dafür, Sprachgebräuche durch Festlegung zu klären bzw. nach Klärung festzulegen.)

Ein Beispiel für Kennen, das dem Können nahesteht, ist etwa das Kennen einer Abkürzung. Man sagt, „jetzt können wir gleich durch den Stadtpark gehen", um ein Ziel auf einem kürzeren Weg zu erreichen. Das heißt, die Kenntnis eines Mittels wird durch ein Können, also ein Verfügen über ein erfolgreiches Handlungsschema definiert. Allgemeiner, eine Stadt (gemeint: hinsichtlich ihres Straßennetzes) zu kennen wird dadurch bestimmt, daß man von jedem beliebigen Ort in ihr zu jedem anderen beliebigen Ort gelangen kann, ohne sich zu verlaufen, im günstigsten Falle sogar auf dem kürzesten Weg oder mit einem Fahrzeug unter Berücksichtigung der Einbahnstraßen und Durchfahrtsverbote. Nach diesem Beispiel läßt sich Kennen als Können anhand erfolgreicher Handlungsschemata definieren. Dasselbe für die Beispiele von Wissen zu versuchen, erscheint zunächst schwierig. Es wäre ja zu billig, zu der Hilfskonstruktion zu greifen, jemand kenne die Hauptstadt von Chile oder das Krönungsjahr von Karl dem Großen, wenn er es sagen könne. Denn selbstverständlich kommt es dann darauf an, daß es richtig gesagt wird. Mit anderen Worten, hier wird schon eine Bewertungsvokabel wie „richtig" oder „wahr" benötigt, während im Falle des Kennens einer Stadt der sprachfreie Handlungsvollzug des Gehens oder Fahrens und der Erfolg der Zielerreichung genügen, um Kenntnis und Unkenntnis zu unterscheiden bzw. auszuweisen.

Was also abzuwehren ist, ist sozusagen das Schreckgespenst des engagierten Lehrers von Geographie oder Geschichte, wonach Kenntnisse im Hersagenkönnen des vom Lehrer Vorgesagten durch den Schüler bestehen, nur damit der Zweck guter Noten erreicht wird – was selbstverständlich auch funktionieren würde, wenn der Lehrer nur Falsches vorsagt, oder wenn der Schüler überhaupt kein Interesse daran nähme, ob das Auswendiggelernte darüber hinaus richtig oder wahr sei. Der Satz „non scolae, sed vitae discimus" (nicht für die Schule, sondern für das Leben lernen wir) beteuert in diesem Sinne Verbindlichkeit und Praxisrelevanz oder, in der Perspektive dieses Buches, die Wichtigkeit von Wissen für die Bewältigung des Alltagslebens durch Handeln und Erleben im Vollzug. Läßt sich Wissen demnach über Kennen als Können ausweisen, bzw. läßt sich Wissen von Nicht-Wissen einerseits, von Irrtum andererseits dadurch unterscheiden, daß es auf ein erfolgreiches Handeln und damit auf ein Können zurückführbar ist? Dies ist in der Tat der Vorschlag, der hier unterbreitet, erläutert und begründet werden soll.

Für die Fälle des geographischen Wissens läßt sich dies noch vergleichsweise einfach leisten. Es verhält sich hier wie mit der Kenntnis einer Stadt. Nur daß eine Reise in die Hauptstadt von Chile nicht einfach durch sprachfreies Handeln im Sinne des Losgehens und Ankommens möglich ist, sondern nur im Kontext sprachlicher Kommunikation mit anderen Menschen, von denen zumindest eine Fahrkarte oder ein Flugticket gekauft werden muß, ganz zu schweigen von den sonstigen Veranstaltungen, die der Reisende bewerkstelligen muß. Das heißt, Wissensbestände vom Typ eines geographischen Wissens sind sprachlich formulierte Bestände eines Mittelwissens, z. B. als Reisender erfolgreich zu handeln im Sinne des Ankommens. Da aber Geographie nicht nur für Weltreisende gemacht wird, sondern z. B. auch für das Treiben von Wirtschaft, für die Politik hilfreich ist, lassen sich solche Wissensbestände immer in letzter Instanz durch den Handlungserfolg beurteilen, für den sie als Mittel eingesetzt werden. Das in der Schule gelehrte geographische Wissen ist (abgesehen von seiner Sprachform) von der persönlichen Kenntnis einer Abkürzung oder eines Schleichweges qualitativ lediglich dadurch verschieden, daß es sich einerseits für ein ganzes Potpourri von Zwecken (wie Reisen, Politik, Wirtschaft) und andererseits (über sprachliche Normierungen etwa der geographischen Namen) für jede beliebige Person, also personenunabhängig als Wissen ausweisen läßt. Mit anderen Worten, Wissensbestände vom Typ des geographischen Wissens entstehen aus dem individuellen Handelnkönnen durch Verallgemeinerungen einerseits im Hinblick auf die Zwecke, andererseits im Hinblick auf die Verbindlichkeit für Personen. Umgekehrt können sie im Falle des Zweifels letztlich immer auf solche einzelnen, d. h. von einer einzelnen Person im Blick auf einen individuellen Zweck durchgeführten Handlungen zurückverfolgt und damit durch ein Exemplar von Können belegt werden. Dieses alles ist bei historischen Wissensbeständen wie dem Wissen vom Krönungsjahr des Großen Karl anscheinend anders. (Darauf werden wir später zurückkommen.)

Für das Wissen, das in den naturwissenschaftlichen Fächern Physik, Chemie und Biologie vermittelt wird, läßt sich der Rückgang auf das Können ebenfalls sehr gut und für alle modernen Forschungsergebnisse umfassend nachweisen. Da dies in einschlägigen Büchern einer methodischen Wissenschaftsphilosophie nachzulesen ist, in denen Naturwissenschaft als Handeln dargestellt wird, mögen hier einige wenige Andeutungen genügen:

Physik gewinnt ihr Erfahrungswissen durch Experimente und Messungen. Das Messenkönnen wurde oben (vgl. S. 69) schon als ein Besitz komplexer Handlungsfähigkeiten dargelegt; dazu müssen Meßgeräte handelnd konstruiert, gebaut, benützt und dabei auf Störungsfreiheit kontrolliert oder zur Ungestörtheit gebracht werden. Auch Experimente lassen sich als erfolgreiche Handlungsschemata verstehen, durch technisches Reproduzieren bestimmter Anfangsbedingungen die immer gleichen Abläufe zu realisieren. Wo die Physik sich individuellen Naturgegenständen zuwendet wie in der Astronomie, beruht sie auf dem Handelnkönnen, entsprechende astronomische Beobachtungsgeräte herzustellen und zu verwenden, sowie die Lichtpunkte am Himmel in Form technischer Modelle, z. B. durch messende Beobachtung und Rechnung, als von der Sonne beschienene Planeten auf einer Ellipsenbahn darzustellen – was übrigens in der Geschichte der Astronomie nicht nur sprachlich in Formeln geschah, sondern in Bildern, ja sogar durch das Anfertigen mechanischer Modelle. (Heute gibt es solche Modelle noch in Form von computergesteuerten Planetarien.) Die sogenannten Naturgesetze, die von Physikern gefunden werden, lassen sich in dieser Perspektive verstehen als technische Handlungsanweisungen für Apparaturen, die richtig funktionieren. Kurz, die quantitativen, auf Messung und Experiment beruhenden Naturgesetze und ihre Erklärungsleistung sind sprachliche Rezepte für das Bewirkenkönnen der beschriebenen Abläufe an Apparaturen oder für das Übertragen eines solchen Könnens auf Modelle für Naturgegenstände, ihre Bewegungen und Wechselwirkungen.

In der Chemie ist es nicht anders. Sie versammelt in einer technisierten und durch Methoden, d. h. Handlungsweisen theoretisch erfaßten Weise das Können, das historisch vor Entstehung der Chemie in Bereichen wie Metallscheidekunst, Gerben und Färben, Nahrungs-, Heil- und Genußmittelherstellung und -konservierung, Herstellung von Brenn- und Leuchtstoffen, Dichtungsmitteln für Schiffe und Mörtel für Häuserbau, Kleber, Bleichen, Seifen usw. zuerst praktisch verfügbar wurden. Chemiker untersuchen nicht eine Natur in Flaschen und Reagenzgläsern, sondern beherrschen durch Analyse und Synthese die Eigenschaften natürlich vorgefundener und künstlich hergestellter Stoffe.

Selbst die Biologen, die es scheinbar nur mit der Beobachtung des Natürlich-Lebendigen zu tun haben, gewinnen ihr Wissen über Organismen, über Vererbung, über Ökosysteme und Evolutionsgeschehen durch Verwissenschaftlichung vorwissenschaftlichen Handelnkönnens von Tier- und Pflanzenzüchtern, von Metzgern und Chirurgen, von Jägern und Bauern.

Bei allen Naturwissenschaften kommt es hier letztlich darauf an, was ihren Resultaten in Form von Theorien Bedeutung und Geltung verschafft. Die Gegenstände der Naturwissenschaften werden durch das kultürliche Eingreifen des Menschen in das Vorgefundene, Vorhandene gebildet und in wiederum technischen Verfahren verändert und beherrscht. Der Übergang von den individuellen Handlungsvermögen auf die sprachliche, theoretische Darstellung ist dabei nach dem Vorbild von Rezepten und Gebrauchsanweisungen zu verstehen – aber wir greifen vor. Bis jetzt sollte dennoch als geklärt gelten, daß die Einteilung des höheren Schulwissens in Können und Wissen sich gerade im Hinblick auf Bedeutung und Geltung auflösen läßt, indem die richtigen Behauptungen, die das Wissen sprachlich darstellen, über das Handelnkönnen beurteilt und entschieden werden.

Es hätte einen besonderen Vorzug, die Beispiele des Kennens als Können so weit auszudehnen wie irgend möglich. Denn die Unterscheidungen von Wissen, Nicht-Wissen und Irrtum durch ein Zurückverfolgen auf erfolgreiche gegenüber erfolglosen Handlungen gibt ein gerade im Handeln verfügbares Entscheidungsinstrument. Damit könnte auch das Wissen, das nicht selbst erworben, sondern durch sprachliche Vermittlung von anderen Menschen übernommen wird, als Vertrauensvorschuß auf die prinzipielle Überprüfbarkeit im Handeln akzeptiert werden. Es ist ja ein selbstverständliches Gebot der Lebensklugheit und Sparsamkeit, nicht alle, zumal alle schlechten Erfahrungen des Mißlingens selbst machen zu wollen, sondern sich auf den Schatz des Wissens der Handlungs- und Redegemeinschaft, der eigenen Kultur zu stützen.

Es bleiben noch wichtige der oben genannten Beispiele von alltäglichen Redeweisen über Können zu betrachten, nämlich das Zählen- und Rechnenkönnen sowie die Beherrschung einer Fremdsprache, die ja durch Übersetzenkönnen zwischen Mutter- und Fremdsprache bestimmt wird. Selbstverständlich gehört zum Zählen- und Rechnenkönnen genauso wie zum Übersetzenkönnen das Urteilsvermögen, ob die Anzahl von Gegenständen richtig bestimmt, ob richtig gerechnet und ob richtig übersetzt worden ist. Niemand würde sagen, daß jemand zählen, rechnen oder übersetzen könne, wenn er nur zu einer Menge von Gegenständen einfach ein Zahlwort nennt, beim Rechnen einfach ein schematisches Verfahren mit Ziffern auf dem Papier durchführt und entsprechend aus einem Text in einer Sprache irgendeine Wortreihe in einer anderen Sprache zu Papier bringt, wobei aber jeder wirklich Kundige die Ergebnisse als rundweg falsch oder sinnlos bezeichnen würde. Das ist ein wichtiger Hinweis. Er bedeutet nämlich, daß wir in der Alltagssprache von „Können" auch dort sprechen, wo unverzichtbar die Beurteilungskompetenz bezüglich wahr und falsch mitgemeint ist; oder anders ausgedrückt, würde

nicht das Richtige oder Wahre vom Falschen unterschieden werden, würde man in der Alltagssprache bei diesen Beispielen nicht
von „Können" reden.

Daran zeigt sich, daß ein *know-how* nicht etwa auf sprachfreie
Kompetenzen wie Schwimmen und Radfahren, ein Werkzeug benutzen oder ein Auto reparieren beschränkt ist, sondern daß die
Grenze vom sprachfreien zum sprachlichen Handeln dabei über-
schritten wird; und mehr noch, daß das Überschreiten der Grenze
vom sprachfreien zum sprachlichen Handeln (einschließlich der
Beherrschung einer mathematischen Spezialsprache) mit der Beurteilungskompetenz von Geltung verknüpft ist. Und völlig un-
stritig nimmt die Beurteilung einer Anzahl, eines Rechenresulta-
tes oder einer Übersetzung ein Sprachverständnis in Anspruch,
d. h. die Beherrschung der Zahlwörter, der Rechenoperationen
und der Wörter und Sätze beim Übertragen in eine fremde Sprache. Ob ein Mensch bestimmte Handlungen „kann" (im Sinne der
Beherrschung der einschlägigen Handlungsschemata) hängt deshalb oft davon ab, ob dieser Mensch bereits erfolgreich eine wahr-
falsch-Unterscheidung in Anspruch nehmen kann – was viele
übersehen, die die Bestimmung von Erkenntnis am Typ *know-
how* kritisieren.

Bevor wir noch einmal auf das historische Wissen zurückkommen, soll nun der Alltagssprachgebrauch von „Erkennen" in unsere Betrachtung einbezogen werden. Schon im ersten Kapitel
wurde darauf verwiesen, wie sich das Verbum „erkennen" (für
den Vorgang) zum Substantiv „Erkenntnis" (für das Resultat)
verhält. „Erkennen" als Verbum bindet gleichsam den Vorgang an
einen Träger, der etwas erkennt, während Erkenntnisse als Resultate im Medium der Sprache abgelöst vom Gewinnen der Erkenntnis weitergegeben und als Wissen urheberunabhängig betrachtet werden können.

Ein weiterer Aspekt von Erkennen betrifft die Neuigkeit, das
Erstmalige und in diesem Sinne auch Einmalige des Erkennens-
vorganges. Wer z. B. erkannt hat, daß eine bestimmte Fehlfunktion eines Geräts durch einen bestimmten Bedienungsfehler ver-
ursacht ist, wird nicht jedesmal beim Vermeiden dieses Bedie-
nungsfehlers behaupten, er habe wieder neu erkannt, daß damit
auch die Fehlfunktion vermieden wird. Vielmehr gilt dies dann
einfach als Wissen. Schon in diesem Aspekt unterscheiden sich die

Wörter „kennen" und „erkennen". Kennen ist das Dauerhafte, der Zustand, während Erkennen das Neue, oft Überraschende betrifft.

Wichtig ist, daß uns die Alltagssprache – fast könnte man sagen, ihre Grammatik – in die Irre führt, was die Erkenntnisgegenstände betrifft. Die Alltagssprache legt nämlich nahe, man würde Dinge oder Ereignisse erkennen. Man sagt z.B., es sei zu dunkel gewesen, um den Einbrecher zu erkennen. Oder das entgegenkommende Fahrzeug habe zu stark geblendet, um das Hindernis am Straßenrand zu erkennen. Andererseits ist ebenso gebräuchlich zu sagen, der Jäger habe im Morgennebel noch nicht erkennen können, ob Rehe auf der Lichtung sind, oder man habe im Lärm einer Party nicht erkennen können, ob das Telefon oder die Türglocke geläutet hat. Das heißt, man spricht im grammatischen Sinne von „erkennen, daß etwas der Fall ist" bzw. „nicht der Fall ist". Nun (statt grammatisch) mit den Mitteln der Logik gesprochen: Üblicherweise erkennt man Sachverhalte, die durch Aussagen – hier also Behauptungssätze – dargestellt werden. Hat man sich dies einmal vor Augen geführt, dann fällt auf, daß die alltagssprachliche Rede vom Erkennen einer Person, eines Dings oder eines Ereignisses nur elliptisch (auslassend), also verkürzend ist. Wer plötzlich in der Menschenmenge seinen Freund erkennt, erkennt in einer ausführlichen sprachlichen Fassung, die auf wahr und falsch beurteilt werden kann, den Sachverhalt, daß eine zufällig angeschaute Person in der aus dem Bahnhof strömenden Menschenmenge der Freund X ist. Oder beim berühmten Betrachten alter Klassenfotos von Personen fortgerückten Alters wird die Frage nach dem Erkennen mit dem Fingerzeig auf ein Schulkind und dem Satz „Das bist du" beantwortet, also die Zuordnung eines durch Fingerzeig aufgewiesenen Bildausschnitts zur fraglichen Person behauptet.

Wie immer die Alltagssprache verfährt, es gibt einen guten Grund, die Sprechweise eines Erkennens von Objekten für elliptisch und von Sachverhalten für nicht-elliptisch, also vollständig zu halten: Es muß möglich bleiben, auch beim „Erkennen von Objekten" zutreffend und unzutreffend zu unterscheiden. Und nach der Maxime, daß nur wahr sein kann, was auch falsch sein kann, und der Üblichkeit, die Wörter „wahr" und „falsch" auf Behauptungen, grammatisch also auf Aussagesätze, logisch auf

Aussagen anzuwenden, privilegiert die Sachverhalte vor den bloßen Objekten.

Diese Einsicht deckt sich mit einer weiteren Üblichkeit, die ein alltagssprachliches Reden vom Erkennen aufweist: Man spricht von Erkennen und Erkenntnissen meist im Zusammenhang von Problemlösungen. Wenn das Problem ist, den kürzesten Weg von A nach B zu finden, ist es eine Problemlösung, einen bestimmten Weg als Abkürzung zu erkennen. Auch das große Feld der wissenschaftlichen Erkenntnisse – hier wird übrigens von Wissenschaftlern und sogar von Philosophen in aller Regel Alltagssprache gesprochen, weil das Wort „Erkennen" bzw. das Wort „Erkenntnis" selbst ja nicht ein wissenschaftlicher oder philosophischer Terminus wird – ist der Bezug von Erkenntnissen auf die Lösung drängender Fragen oder Probleme sehr deutlich. Kurz, Erkenntnisse sind spezielle Problemlösungen, während z.B. Kenntnisse und Wissen nicht auf die Lösung bestimmter Probleme abgestellt sind, sondern sich mindestens für mehrere, häufig für eine große Zahl nicht genau bestimmter Probleme als Mittel eignen müssen. Das heißt sprachanalytisch gesehen, daß mit dem Wort „Erkennen" primär das situationsgebundene Lösen von Problemen gemeint ist, das erst nachträglich von Entstehungszusammenhängen abgelöst und als sprachlich vermittelte Erkenntnis in einen Begründungszusammenhang gestellt wird – mit erweiterten Ansprüchen auf Allgemeinheit, wie oben am Beispiel des geographischen Wissens besprochen.

Immer wird dabei gleichsam selbstverständlich der Gedanke mitgeführt, daß sich die ganzen Sprachgebräuche bezüglich Erkennen und Erkenntnis zunächst einmal auf die erfolgreichen Fälle des Gewinnens von Erkenntnis beziehen und nicht primär auf solche, wo Erkenntnisbemühungen in die Irre gegangen sind. Da aber letzteres prinzipiell nicht auszuschließen ist und beim Auftauchen von Schwierigkeiten mit vermeintlichen Problemlösungen Gegenstand neuer Erkenntnisbemühungen wird, gehört in diesem Sinne auch die Reflexion, d.h. das Richten von Erkenntnisbemühungen zurück auf vorgängige Erkenntnisresultate, mit zum Erkenntnisbegriff. Pointiert gesagt, man versucht zu erkennen, ob eine vermeintliche Erkenntnis eine wahre oder wirkliche Erkenntnis ist, und „biegt" damit das Erkennen auf das Erkennen „zurück" (lateinisch *reflectere*).

Aus den vorangehenden Versuchen, den alltäglichen Sprachgebrauch bezüglich Erkennen und Erkenntnis näher zu analysieren, ergeben sich für eine Begriffsklärung durch eine systematische Rekonstruktion folgende Aufgaben: Wenn Erkennen immer Urheber-gebunden ist und zunächst im Gewinnen einer (für den Urheber) erstmaligen und damit einmaligen Problemlösung besteht, ist zu fragen, was die Geltungskriterien sind; wie wird Erkennen von Nicht-Erkennen und von Irren unterschieden? Sodann ist zu klären, wie diese einmaligen Entdeckungen sich zu wiederholt brauchbaren Erkenntnissen transformieren; was leistet also diese immer-wieder-Brauchbarkeit von Problemlösungen? Im nächsten Schritt wäre zu klären, wie diese immer noch an den Urheber einer Erkenntnis gebundenen Resultate anderen Personen vermittelt werden können, was insbesondere bei den sprachfrei gewonnenen Erkenntnissen den Übergang in die Sprache verlangt und dies sogar in mehrfacher Hinsicht: Einmal müssen die Erkenntnisse sprachlich vermittelt werden, zum andern muß im Zweifelsfalle der Erkenntnischarakter durch Begründung ausgewiesen werden. Als Aufgabe bleibt schließlich noch, Erkenntnisse als Problemlösungen auf möglichst viele, auch verschiedene Formen von Problemen auszudehnen, sie also universell zu machen (was vor allem in den Naturwissenschaften erfolgreich geschieht).

Die Beantwortung dieser Fragen soll nun in einem methodischen Fazit (und mit den im ersten Abschnitt dieses Kapitels dargelegten handlungstheoretischen Unterscheidungen) versucht werden. Dazu vorab ein Hinweis, was hier „methodisch" heißt.

Jeder Mensch – wurde oben gesagt – kann sein Alltagsleben nur bewältigen, wenn er sich vom Säugling darin unterscheidet, daß er ein geübter Handwerker (und nicht nur ein Mundwerker) ist. Schon bei den alltäglichsten Verrichtungen wie An- und Auskleiden, Mahlzeiten zubereiten und einnehmen, sich mit Hilfe von Schlüsseln durch verschlossene Türen bewegen, ein Fahrzeug benutzen, einen Koffer packen, einen Brief schreiben und absenden usw. sind Ketten aus Teilhandlungen auszuführen, die in ihrer Reihenfolge nur bei der Strafe des Mißerfolgs vertauscht werden dürfen. Wer die Jacke vor dem Hemd anziehen, die Tasse vor dem Eingießen austrinken und die Tür vor dem Aufschließen durchschreiten möchte, wird seine Probleme haben. Und wer sein Frühstücksei vor dem Kochen aufschlägt oder vor dem Aufschlagen salzt, wird zwar weder ein Naturgesetz widerlegen noch ein Sittengesetz verfehlen, wohl aber das Ziel, sein Frühstücksei zu genießen. Das heißt, Zwecke von Handlungsketten legen zweckmäßige Ordnungen für Teilhandlungen fest.

Diese Ordnungen übertragen sich, im Alltagsleben wieder selbstverständlich, auf die Darstellung solcher Handlungsketten, sei sie nun in einer Erzählung beschreibend, sei sie in einem Rezept oder einer Gebrauchsanweisung vorschreibend. Niemand würde eine Gebrauchsanweisung schätzen – ob für den Zusammenbau eines Regals aus dem Baumarkt oder für die Programmierung eines menügesteuerten elektronischen Geräts – die wegen Vertauschung der einzelnen Vorschriften regelmäßig zum Mißerfolg führt. Das heißt aber, daß wir wieder einen Fall von Handlungserfolg als Kriterium vor uns haben, das darüber entscheidet, ob etwas Sprachliches, hier ein Text mit aufforderndem Charakter (ein Kochrezept, eine Gebrauchsanweisung, eine Bauanleitung, ein Konstruktionsplan oder ähnliches), brauchbar oder unbrauchbar ist. Die Berücksichtigung der „richtigen", d.h. zum Erfolg führenden Ordnung von Einzelschritten möge „methodisch" heißen. Für Liebhaber expliziter Regeln: Ein „Prinzip der methodischen Ordnung" besagt: Man stelle (beschreibend oder vorschreibend) die Reihenfolge von Handlungen nicht anders als zum Erfolg der Handlungskette führend dar!

Dieses Prinzip soll nun auch leitend sein, wenn in einem schrittweisen Vorgehen die Erläuterung zu Können, Kennen, Wissen, Erkennen und Erkenntnis „methodisch rekonstruiert" werden. Methodische Rekonstruktion heißt also hier nichts anderes als die Umordnung bekannter, in den Sprachverwendungen etwas präziserter Sprachstücke mit dem Ziel, eine durch den Leser nachvollziehbare Antwort auf die Frage „Was ist Erkenntnis?" zu geben.

Im ersten Schritt geht es um die poietischen (von gr. *poiesis*: Herstellung) Handlungen, die zum Zweck von Einfachheit und Klarheit auf das Herstellen im engeren Sinne beschränkt sein mögen, also auf handwerkliche Tätigkeiten, aus denen sich ein bleibendes Produkt ergibt, von der Koch- und Schneiderkunst bis zu Handwerken (von der Holzverarbeitung bis zur High-Tech-Produktion von Autos und Flugzeugen).

Der Vollzug einer poietischen Handlung ist (1) immer an einen Akteur gebunden, verfolgt (2) immer einen Zweck und macht

(3) den Akteur zur unhintergehbaren, ausgezeichnet zuständigen Beurteilungsinstanz über Gelingen und Mißlingen.

In einem zweiten Schritt geht es, bei Beschränkung auf die erfolgreichen Exemplare von poietischen Handlungsvollzügen, um die Ausweitung zum Können. Einzelne erfolgreiche poietische Handlungen werden geübt und führen zu Fertigkeiten, sie immer wieder erfolgreich zu aktualisieren. Damit werden zugleich die Produkte poietischen Handelns wiederholt mit Erfolg realisierbar, wofür man üblicherweise sagt: reproduzierbar.

In einem dritten Schritt lassen sich zunächst unproblematische Beispiele von Kennen als Können identifizieren. Sprachfrei ausgewiesene Kenntnisse wie das Einschlagen der Abkürzung durch den Stadtpark oder das geschickte Herstellen einer verzierten Christbaumkugel durch den Glasbläser wird man als einen Typ von Kennen im Sinne eines *know-hows* ansprechen – und dann auch als Wissen, sofern dies nicht strikt mit dem Vorbehalt auf die Form sprachlicher Darstellung beschränkt werden soll.

In einem vierten Schritt werden solche Kenntnisse, die sprachlich kommuniziert werden können, als diejenigen Formen des Kennens ausgezeichnet, die (im Unterschied zum Fehlen der Kenntnis) durch ein Können, also erfolgreiches poietisches Handeln wiederholbar beherrscht werden. (Oben waren dafür Beispiele von Zählen, Rechnen und Übersetzen bis in die Wissenschaften hinein angegeben worden.)

In einem fünften Schritt wird für die Sprachform des Wissens eine wichtige Bedingung formuliert: Es muß das Prinzip der methodischen Ordnung berücksichtigt werden. Wissen, formuliert in Sätzen, wird dabei nicht primär als Text betrachtet, der aus einem System von Behauptungssätzen über die Wirklichkeit besteht, sondern zunächst als Text, der aus einem System von Aufforderungen besteht. Aufforderungen sind nach dem üblichen Verständnis keine Kandidaten für wahr und falsch. Dennoch können sie daraufhin beurteilt werden, ob sie anerkannt werden sollen oder nicht. Das Beurteilungskriterium ist hier selbstverständlich, daß sie zu Handlungen auffordern, die zum erhofften Erfolg führen. Solche Systeme von Aufforderungen entscheiden, ob sie, sozusagen als Bericht ihrer Befolgung gelesen, wahr sind. (Wir würden keinem Bericht zustimmen, wonach jemand sein Frühstück sei erst gesalzen, dann gegessen, und dann aufgeschlagen hat.)

Bei Rezepten, Gebrauchsanweisungen usw. ist ersichtlich ein Personenwechsel im Spiel, weil die Rede vom Auffordern selbst eine Kommunikationssituation betrifft, in der eine Person eine andere auffordert. Hier ist also der Sprache eine ganz bestimmte Rolle zugewiesen: Es geht nicht um eine distanzierte Beschreibung der Welt oder um eine Darstellung beobachteter Ereignisse durch gleichberechtigte Beobachter, sondern es geht um Kommunikation, in der Menschen gemeinsam durch Miteinanderreden ihre Praxis organisieren.

Dieses Verständnis von Sprache betrifft nicht nur die zu Erklärungszwecken simplifizierten Beispiele einfachster handwerklicher Verrichtungen des Alltagslebens, sondern auch das ganze System der Handlungen, aus denen z. B. die modernen Naturwissenschaften in der Laborforschung bestehen und die im Studium einzuüben und als Fertigkeiten zu erwerben sind. Auch die wichtigsten Mittel naturwissenschaftlicher Forschung wie das Experiment liefern in Sprachform ein Wissen, das sich handlungstheoretisch auf die Schemata des Reproduzierens von Experimentalbedingungen bezieht, die zu immer gleichen, etwa mit Meßgeräten kontrollierbaren Abläufen führen. Und die sogenannten Naturgesetze, die durch Experimente gestützt werden, sind nichts anderes als die Gebrauchsanweisungen, die in ihnen behaupteten Vorgänge unter den in ihnen behaupteten Bedingungen technisch reproduzierbar zu realisieren. (Es ist nur eine im Empirismus des 19. Jahrhunderts, genauer mit dem Physiker Gustav Robert Kirchhoff (1824–1887), beginnende Tendenz, die sogenannten Naturgesetze als „Beschreibungen" zu bezeichnen und zu verstehen, wonach man es mit einem Typ von Behauptungen analog der Beschreibung eines Unfallhergangs oder einer Täterperson zu tun hätte. Tatsächlich ist es aber der technische Erfolg, der von Naturwissenschaftlern selbst als das letzte und entscheidende Kriterium für die Annahme oder Ablehnung sogenannter Naturgesetze herangezogen wird.)

In einem sechsten Schritt werden Berichte über vergangene Ereignisse, die nicht direkt beobachtet wurden, als Rekonstruktion des Vergangenen aus Gegenwärtigem (Retrodiktion) bestimmt. Auch dies beginnt mit simplen Alltagsbeispielen, wonach etwa aus den Spuren eines ausgeuferten Festes oder aus der Ordnung und Sauberkeit einer Küche auf vergangene Handlungen geschlossen wird. Als eigene Literaturgattung ist der Kriminalroman bekannt dafür, wie aus Indizien und hervorragenden Kausalkenntnissen des Detektivs von der Ballistik über Toxikologie bis zur Psychologie ein Tathergang aufgeklärt wird. Nach Analogie solcher Berichte über vergangene Handlungen werden dann auch aus den gegenwärtig verfügbaren Indizien Naturereignisse rekonstruiert, vom Abgang einer Lawine über Sedimente im Meeresboden bis zu versteinerten Lebewesen der Paläontologen. Klassisch ist hierfür der Einfall von Charles Darwin geworden, die Entstehung des heute vorfindlichen Lebendigen nach der Analogie des Züchterhandelns zu rekonstruieren. Bei all diesen Retrodiktionen werden die in den vorangegangenen Schritten erworbenen Formen der Erkenntnis benötigt.

Im letzten Schritt der methodischen Rekonstruktion zeigt sich für Erkennen, daß dieses gleichsam einen speziellen Aspekt betrifft, der die vorausgegangenen sechs Schritte insgesamt übergreift. In der Erst- und Einmaligkeit des Erkennens tauchen wieder alle Aspekte auf, die im ersten Schritt für den Vollzug einer poietischen Handlung genannt wurden, wie Akteursgebundenheit, authentische Beurteilung des Erfolgs und Zweckgebundenheit im Sinne des vorgegebenen oder gewählten und zu lösenden Problems. Vom Können taucht wieder der Aspekt auf, daß es sich beim Erkennen um die erfolgreichen Fälle handelt, zunächst einmalig erfolgreich für den Akteur selber, dann wiederholbar erfolgreich bis zur Situationsunabhängigkeit. Auch der Übergang vom sprachfreien Können zum sprachlich kommunizierbaren Kennen und Wissen trifft auf die Resultate des Erkennens, die Erkenntnisse zu. Kurz, die Schrittfolge über Handeln, Herstellen, Können, Kennen, Wissen ist im Begriff des Erkennens und seiner Resultate, der Erkenntnisse, wiederzufinden.

Damit sind auch die früher aufgezählten, aus der Alltagssprache geläufigen Aspekte aufgenommen und rekonstruiert. Und auch der Philosoph findet wieder, daß mit den Begriffen des Erkennens und der Erkenntnis und den dabei mitgeführten Bedeutungen des Erfolgs die Ausweitung der Geltungsansprüche stattfindet: von der einmaligen Handlung zur Wiederholbarkeit durch den einzelnen Akteur, vom einzelnen Akteur via sprachlicher Lehrbarkeit über Rezepte und Anweisungen auf prinzipiell jeden Akteur (Transsubjektivität) und von der Lösung des Einzelproblems auf universelle Problemlösungen, auf ein allgemeines technisches Verfügungswissen also, wie es schließlich in den situationsunabhängigen Naturgesetzen exemplarisch vorliegt. Die Anfänge der Erkenntnistheorie in der griechischen Antike und die Forderung, Erkenntnisse als solche durch Begründungen auszuweisen, werden hier durch den Vorschlag aufgenommen, daß ein methodisches Begründen zurück bis zu elementaren Handlungsvollzügen führt – und damit das lästige Anfangsproblem (vgl. S. 101) umgangen bzw. gelöst wurde.

3. Wahrnehmen und Denken

Hat sich der vorangehende Vorschlag, Erkennen und Erkenntnis kulturalistisch aus den Begriffen des Handelns und Erlebens methodisch zu rekonstruieren, von der philosophischen und wissenschaftlichen Geschichte des Erkenntnisproblems zu weit entfernt? Hat er überhaupt noch Bezug auf die Anliegen, die in klassischen Fragen nach Wesen und Ursprung der Erkenntnis, nach Verhältnis von Erkenntnissubjekt und -objekt, nach Grenzen der Erkenntnis, nach dem Verhältnis von Erfahrung und Denken gestellt wurden? Wohin sind die Gegensätze von Rationalismus und Empirismus, von idealistischer und realistischer, von apriorischer und aposteriorischer Auffassung verschwunden? Und ist schließlich, auch wenn das Erkennen als Forschungsprozeß der Naturwissenschaften durchaus aufgenommen worden ist, die Naturwissenschaft vom Menschen als Erkenntnissubjekt überflüssig oder sinnlos geworden? Diesen Fragen soll die folgende Erörterung über das Wahrnehmen und das Denken nachgehen.

Auch der naturwissenschaftliche Laie zählt heute zu seiner Allgemeinbildung, daß manche Tiere polarisiertes oder ultraviolettes Licht wahrnehmen können, daß sich Zugvögel wahrscheinlich (zumindest auch) am Magnetfeld der Erde orientieren, das der Mensch hingegen nicht wahrnehmen kann, daß manche Insekten Sexualduftstoffe in geradezu aberwitzigen Verdünnungen und damit über eindrucksvolle Distanzen wahrnehmen usw. Dabei wird über die Wahrnehmung von Tieren so gesprochen, daß das handlungstheoretische Erfolgsmodell durchaus zu passen scheint. Gelingen und Mißlingen zeigt sich z.B. dramatisch, wenn ein schnellfliegender Vogel eine Glasscheibe nicht wahrnimmt und sich daran das Genick bricht. Erfolg der Triebbefriedigung bei Nahrung und Paarung hängt vom zutreffenden und häufig auch vom schnellen Wahrnehmen ab. Warum soll dann Erkennen durch Wahrnehmen beim Menschen, der z. B. als Autofahrer oder gar als Kampfflieger auf Zuverlässigkeit und Schnelligkeit seiner Wahrnehmung lebenswichtig angewiesen ist, nicht doch ein wesentlicher Hinweis darauf sein, daß die Leistung der organismischen Maschinerie für ein Wahrnehmen der Umwelt das lebenswichtige Substrat der Erkenntnis ist?

Nicht zu übersehen ist die höchst suggestive Kraft, die von vereinfachenden Darstellungen der Wirkungsweise unserer Sinnesorgane ausgeht. Da ist das einfache Modell der Camera obscura, das physikalisch erklärt, wie auf der Netzhaut des Auges das auf dem Kopf stehende Bild entsteht. Da ist auch das anschauliche Bild von Trommelfell, Amboß, Steigbügel und Schnecke, das uns Hören in Analogie zu einem Mikrophon plausibel macht. Und der Tastsinn vom leisesten Berühren bis zum schmerzhaften Schlag oder Stich ist gleichsam wie ein Druckschalter der Prototyp des Kontaktes mit der Umwelt im wörtlichen Sinne, der gleichsam an der räumlichen Verdrängung eines Stücks der Körperoberfläche durch einen Fremdkörper registriert wird. (Weniger suggestiv wenn nicht gar unbekannt sind die Funktionsweisen von Riechen, Schmecken, Wärme- und Feuchtigkeitswahrnehmung, einschließlich der weit weniger klaren begrifflichen Ordnung der in diesen Sinnen wahrgenommenen Verhältnisse – ganz im Unterschied zu den wunderbar klar nach Raum und Zeit geordneten Wahrnehmungen des Gesichts-, Hör- und Tastsinnes.)

Oben wurde bereits erwähnt, daß wir die Augen für das Sehen, die Ohren für das Hören und Hautoberflächen für das Tasten verantwortlich machen, letztere mit verschiedener Empfindlichkeit etwa an den Beinen und in der Mundhöhle. Diese Zuordnung spezifischer Erkenntnisse zu diesen Organen macht eine Naturwissenschaft von den Sinnesorganen und ihren Leistungen erst möglich. Das Verschließen oder Schädigen der Augen, der Ohren oder von Hautpartien führt zum Ausfall der entsprechenden Wahrnehmungsleistungen. Dies alles sind, wie im Abschnitt Physiologismus dargestellt wurde, keine Ergebnisse von Naturwissenschaften, sondern ihre Voraussetzungen. Ohne sie hätte die

Naturwissenschaft als Physiologie der Sinnesorgane und des Nervensystems keinen zu erklärenden Gegenstand.

Das im Vollzug des Alltagslebens gewonnene Unterscheidungssystem spielt also für ein Erkennen der Umgebung, der Welt, der Natur eine entscheidende und unverzichtbare Rolle. Dies gilt auch für das Betreiben von Naturwissenschaften allgemein sowie für die Bestimmung der Naturwissenschaften vom Menschen im speziellen, dort auch für die Bestimmung ihres Gegenstandes als erkennendes Subjekt. Soll deshalb nicht mehr gesagt werden dürfen, Wirklichkeitserkenntnis komme durch (naturwissenschaftlich erforschbare) Sinneswahrnehmung zustande? Eine Teilantwort wurde bereits gegeben. Behauptet man etwa, mit dem Auge würden wir sehend die Welt erkennen, so ist zwar bisher gezeigt, daß das Auge ein notwendiges Organ für visuelle Sinneswahrnehmung ist, aber nicht, daß es auch ein hinreichendes Organ ist (was sogar naturwissenschaftlich gilt im Sinne verschiedener Arten von Seelenblindheit durch Schädigung entsprechender Teile des Nervensystems oder des Hirns). Denn es bleibt unabweisbar, daß nicht nur hier reflektierend über Wahrnehmungserkenntnis gesprochen wird, sondern daß sogar im Vollzug des Alltagslebens Wahrnehmen und Sprechen eng verknüpft sind, und zwar in dreifacher Hinsicht:

– Wir kommunizieren sprachlich über die wahrgenommenen Gegenstände, und zwar z.B. durch Zuruf, Aufforderung oder Behauptung wie „Vorsicht, da kommt ein Auto!"

– Wir gehen im Alltag mit Wahrnehmungen sprachlich um, als seien sie Handlungen, weil sie die drei oben genannten Charakteristika erfüllen: Wahrnehmungen können ge- und mißlingen (letzteres, weil man sich täuscht, etwas übersieht, sich verhört, usw.); Wahrnehmungen können unterlassen werden (weil man wegschaut oder weghört, die Augen schließt, sich die Ohren zuhält usw.); zu Wahrnehmungen kann man (nach den Üblichkeiten der Alltagssprache sinnvoll) auffordern (z.B. „Schau her!", „Höre weg!", „Achte auf die Farbunterschiede!", „Höre zuerst auf die Flöten- und dann auf die Klarinettenstimme!" usw.). Ohne daß sich irgend jemand daran stören würde, behandeln wir also im Alltagsleben wie in den Wissenschaften in sprachlicher (und, daran erkennbar, auch in nicht-sprachlicher) Hinsicht Wahrnehmungen wie Handlungen. Wir rechnen es z.B. jemandem als Schuld oder Verdienst zu, wenn er als Zugführer ein Signal übersieht oder als Zugbegleiter das Heißlaufen eines Rades hört.

– Wir machen Wahrnehmungsresultate in der Form sogenannter Wahrnehmungsurteile zum Gegenstand einer wahr-falsch-Diskussion. Am eindrucksvollsten geschieht dies bei den klassischen Sinnestäuschungen, die von Wahrnehmungspsychologen untersucht werden. Aber selbstverständlich beginnen diese sprachlich vollzogenen Kritiken von Wahrnehmungsergebnissen ebenfalls elementar im Alltagsleben. Dem ängstlichen Kind, das im schwarzen Schatten die bedrohliche Gestalt aus einem Märchen wahrzunehmen glaubt, demonstrieren wir durch Verschieben der Lampe, daß es sich nur um einen Schatten handelt. Wüstenvölker entwickeln ohne naturwissenschaftliche Erklärungen eine Kritikfähigkeit gegenüber der Wahrnehmung einer Fata Morgana.

Solche alltäglichen und allgemein bekannten Sachverhalte verweisen darauf, daß Erkenntnis aus Wahrnehmung dem Bereich des Erkennens aus Handlungserfolg und -mißerfolg keineswegs so fern steht, wie es scheint, wenn man die passiven Apparate wie Kameras, Mikrophone, Thermometer usw. als Modelle heranzieht. Diese Modelle haben offenkundig eine andere Aufgabe. Vielmehr drängt sich sogar der Eindruck auf, daß Erkennen aus Wahrnehmung nicht nur dem Handeln eng verwandt ist, sondern auch dem Einüben und Können in einer individuellen Lerngeschichte einerseits, ja sogar in einer kollektiven, kulturellen Lerngeschichte andererseits. Es ist so selbstverständlich, etwa in der Ausbildung zu einem Handwerk auch spezifische professionelle Wahrnehmungsfähigkeiten zu erwerben, daß es sich erübrigt, dafür Beispiele aufzuzählen. Weniger selbstverständlich ist jedoch, auch eine Kulturgeschichte des Wahrnehmens anzunehmen und z.B. in antiken oder archaischen Bildern etwa mit statuarischen Personendarstellungen in Frontal- oder Seitensicht eine Entwicklung des Wahrnehmens als Kulturleistung anzunehmen. (Die Geistes- und Kulturwissenschaften haben sich mehr der Bewahrung des Kulturerbes im Blick zurück verschrieben, als daß sie etwa zukunftsorientiert in Kooperation mit den Kognitionswissenschaften von der Psychologie bis zu Physiologie und Hirnforschung einen Beitrag leisten, das Wahrzunehmende als kulturgeschichtliches Explanandum zu bearbeiten.)

Erkenntnis durch Wahrnehmung hat darüber hinaus im Vollzug des Alltagslebens ersichtlich eine Sprachabhängigkeit, die von den Modellen der Sinnesphysiologie, der Wahrnehmungspsychologie und der Hirnforschung weitgehend, zum Teil vollständig, übersehen wird. Das Hineinwachsen in eine Wahrnehmungspraxis, in der die Mitglieder einer Handlungs- und Sprachgemeinschaft darauf angewiesen sind, sich schnell auf Wahrnehmungsergebnisse zu einigen, ist zwangsläufig sprachabhängig. Hier wäre jedes Modell irreführend, das etwa die gleiche visuelle Wahrnehmung durch verschiedene Personen mit Leistungsgleichheit verschiedener Fotoapparate erklären wollte – übrigens bereits aus dem trivialen Grund, weil niemals zwei Fotoapparate zur selben Zeit am selben Ort dasselbe Foto machen können – ganz analog den sehenden Personen. Vielmehr ist, wieder nach der Maxime, daß nicht wahr sein kann, was nicht falsch sein kann, die Konsensbildung bezüglich Wahrnehmungsurteilen eine grundlegende, ganz geläufige und keineswegs durchgängig erfolgreich bewältigte Aufgabe. Nicht nur die dramatisch subjektiven Urteile bezüglich Gerüchen, Geschmäckern, Temperatur und Luftfeuchtigkeit, auch die Geräuschwahrnehmung, der Grad der Auflösung des visuell Wahrgenommenen (vom falkenäugigen Beobachter bis zum glasigen Stierer) hängen mit der sprachvermittelten Lerngeschichte des Wahrnehmens zusammen.

Damit gewinnt der kultur- und sprachabhängige Charakter der Erkenntnis aus Wahrnehmung nicht nur theoretische Überzeugungskraft, sondern führt wieder zurück in die Erkenntnispraxis des Vollzugs von Alltagsleben. Aufmerksamkeit als Ausrichten der Wahrnehmung wird selbst zur lehrbaren Tugend. Schulungen des Sehens für den Maler, des Hörens für den Dirigenten, ja des Stimmen- und Dialektexperten für kriminalistische Aufklärungsarbeit zeigen, wie Wahrnehmen als Gelingen Gegenstand sprachlicher Beurteilung wird. Dort vollzieht sich die Unterscheidung von ungestörter und gestörter Wahrnehmung. Dort ist dann auch der Sitz naturwissenschaftlicher Erforschung von Störungsursachen, von der Fehlsichtigkeit und Schwerhörigkeit bis zum ganzen Spektrum der in den Sinnesorganen und im Nervensystem liegenden, zum Teil höchst differenzierten und schwer aufzuklärenden Krankheiten.

Übertreibungen, wie sie einerseits in technischen Modellbildungen, andererseits in philosophischen Zuspitzungen von Gegensätzen wie Erfahrung und Denken vorzufinden sind, werden jetzt erkennbar. Es gibt keine bloß passive Wahrnehmung, die den Organismus zum Empfänger gegenüber dem Umweltsender macht, auch nicht in der Modellvorstellung, daß dabei noch organismische Aktivität und Konstruktivität, z.B. durch Ausrichtung von Sinnesorganen im Raum oder durch das Herausfiltern bestimmter Reizspektren, den Unterschied von Gelingen und Mißlingen beim Wahrnehmen erklären könnten. In einer nicht zufälligen Analogie zur obigen Kritik am Körper-Geist-Problem zeigt sich auch hier, daß Wahrnehmen als Handeln zunächst ein Vorgang ist, an dem erst nachträglich und zu speziellen Zwecken sinnvoll der körperliche und der geistige Aspekt unterschieden werden. Speziell der körperliche oder organismische Aspekt der Wahrnehmung dient dabei diagnostischen, prophylaktischen und therapeutischen Zwecken einer medizinischen Vermeidung oder Heilung von Wahrnehmungsstörungen. Dafür sind dann physiologische und andere, technische Modelle sinnvoll. Nicht sinnvoll sind sie dagegen, um Wahrnehmen als Kausalwirkung zwischen Umweltsender und organismischem Empfänger zu definieren, weil dann, bildlich gesprochen, der Umschlag von der Reizverarbeitungsmaschine mit Rezeptororganen wie Kameras, Mikrophonen, Tastern und Thermometern in ein Wahrnehmungserlebnis, d.h. der Umschlag in Erkenntnis, nicht mehr zu fassen ist. Gute Modelle für die Leistungen des menschlichen Sinnesapparates in Verbindung mit dem Zentralen Nervensystem sind also solche, die als erfolgreiche Mittel für die Zwecke der Funktionsbeschreibung in den genannten medizinischen Zusammenhängen erfolgreiche Störungsvermeidung oder -beseitigung erlauben. „Erkenntnis" müssen und können sie jedoch so wenig definieren wie „Irrtum".

Erkenntnis aus Wahrnehmung ist damit bereits definitiv nicht unabhängig vom Denken. „Denken" ist als Allerweltswort so geläufig wie unbestimmt. Sich erinnern gegenüber: planen, sich bildlich vorstellen gegenüber: im Kopf ausrechnen, auswendig hersagen gegenüber: in Prosa oder Reimen neu formulieren, still mit sich zu Rate gehen gegenüber: spontan die Atmosphäre erfassen, ein Problem hin- und herwälzen gegenüber: die Lösungswege intuitiv erfassen – dieses und mehr rechnet der Alltagssprachgebrauch zum Denken. Beschränkt man die Frage auf die für das Erkennen erforderlichen, also unverzichtbaren Denkleistungen, wird es von den Typen der Erkenntnis abhängen, welche für die Präzisierung des Alltagswortes „Denken" vorzuschlagen sind. Wo Erkenntnisse als Problemlösungen aufgefaßt werden, hängt es eben vom Charakter des Problems ab, welche Denkleistungen gefordert sind. Manches wird sich berechnen, manches logisch erschließen lassen. Manche überraschende Situation wird sich durch die Bemühung des Erinnerns erklären, manche Aufgabe durch eine originelle Konstruktion bewältigen lassen. Hier soll dafür noch nicht einmal eine Übersicht, geschweige denn eine methodisch strukturierte, systematische Auflistung gegeben werden. Wichtig ist nur, daß Erkenntnis aus reinem Denken genausowenig wie Erkenntnis aus reiner, d. h. passiver Wahrnehmung als Sinnesreizung angenommen werden kann. Im kulturalistisch-methodischen Verständnis von Erkennen als Handeln spielen sprachliche wie bildliche, retrospektive wie prospektive Überlegungen, ein hypothetisches Durchspielen verschiedener Mittelwahlen und Strategien sowie ein Abwägen von Handlungsfolgen nur gedachter, aber nicht vollzogener Handlungen eine wichtige Rolle.

Der gesamte klassische Kanon der Unterscheidungen, die sich in systematischen Philosophien von Leibniz und Descartes über Kant bis in die Gegenwart hinein entwickelt haben, läßt sich auf diese Weise rekonstruieren. Ein einziges Beispiel möge genügen, das sich wieder (wegen der Zielsetzung dieses Buches) auf die oben bereits kritisierte Einengung des Erkennens, auf die logisch mathematischen Formen einerseits, auf die empirischen Formen andererseits, bezieht.

Wir gewinnen als Menschen im Vollzug des Alltagslebens ein Handlungs- und Handlungsfolgewissen schon ganz elementar bei der Poiesis. Das Kind, das mit Bauklötzen spielt, wird an vorgegebenen Dingen lernen, daß ebene Oberflächen aufeinander passen, rechtwinklige Kanten aneinandergelegt sich zu Ebenen ergänzen usw. Die zunächst im Umgang erworbenen und zur selbstverständlichen Routine gemachten Handlungen an Artefakten, also handwerklich-technisch hergestellten Kunstgegenständen, werden in unserer Kultur geradezu unverbrüchlich so behandelt, daß ihnen weder der Charakter einer Erkenntnis aus reiner, d. h. rein passiver Wahrnehmung oder Erfahrung, noch der

Charakter einer Erkenntnis aus rein rationaler, d.h. logisch-mathematisch-formaler Denkarbeit zukommt. Man betrachte dazu folgendes Beispiel:

Jeder Laie wie jeder Techniker und jeder Physiker oder Wahrnehmungspsychologe wird die Passung aller ebenen Oberflächenstücke aufeinander annehmen. Aber ist dies eine Erkenntnis? Macht man die Behauptung, daß alle ebenen Oberflächenstücke aufeinander passen, zum Gegenstand einer erkenntniskritischen Überlegung, dann kommt es auf die Nennung und Anwendung der Entscheidungskriterien an. Dazu müssen die Wörter „eben" und „passen" hinreichend scharf bestimmt sein. „Passen" kann über die Herstellung von Passung präzisiert werden, etwa wenn ein Abdruck einer Münze mit Gips oder Knetmasse ein Beispiel für die Herstellung zweier passender Flächen ist. Ebenen haben wie Kugeloberflächen die Eigenschaft, daß ein passendes Gegenstück frei verschiebbar die Passung behält. Der Unterschied von Ebene und Kugel besteht darin, daß nur bei ersterer, nicht bei letzterer auch zwei Paßstücke (Abdrücke) untereinander passen. Damit haben wir streng genommen eine „operative" Definition für „eben" durch das Kontrollverfahren, zwei Abdrücke zu nehmen und deren Passung zu überprüfen. Transsubjektiv, also für alle Personen nachvollziehbar, heißt dann ein Oberflächenstück eines Körpers „eben", wenn es zwei untereinander passende Abdrücke gibt. Daraus folgt selbstverständlich nicht logisch (als Form der Erkenntnis durch Denken), daß alle ebenen Oberflächen aufeinander passen. Bleibt also die Erfahrung?

Jeder kompetente Sprecher der deutschen Sprache, der das Wort „eben" beherrscht und sich auf das erläuterte Definitionsverfahren über die Paßstücke einläßt, wird auch diese Frage verneinen. Das zeigt sich daran, daß bei Auftreten nicht passender, vermeintlicher Ebenen nicht etwa auf die Widerlegung des allgemeinen Satzes von der Passung der Ebenen geschlossen wird, sondern mindestens eines der beiden Exemplare als Ebene verworfen wird. Kurz, jeder Laie wie jeder Fachmann schützt die These von der Passung aller Ebenen gegen empirische Widerlegung. Damit scheidet die Erfahrung als Erkenntnisgrundlage für diesen anerkannten Satz aus. Dessen ungeachtet wird der Satz in der technischen Praxis (einschließlich derer von relativistischen Physikern) so ernst genommen, wie nur irgendein Beispiel eines erkannten Satzes ernst genommen werden kann. Alle Ausflüchte, die von unhintergehbaren Evidenzen, von naturhistorischen Evolutionsvorteilen oder unerkennbaren Ideenhimmeln ausgehen, scheiden hier als nicht nachvollziehbar, als nicht erkenntnisfähig aus. Welche Art der Erkenntnis im Spannungsfeld von Wahrnehmen und Denken liegt dann bei diesem Beispiel vor, das ja nur als ein Beispiel aus einer unübersehbaren Fülle solcher Gewißheiten erwähnt wird, die in ihrem speziellen Erkenntnischarakter aufzuklären sind?

Des Rätsels Lösung ist, daß wir Menschen unser eigenes Handeln in seinen Zwecken und Mitteln sowie in seinen Folgen überschauen und „erkennen" können – primär selbstverständlich wieder durch Vollzüge, sekundär durch sprachliche Darstellung, tertiär durch Reflexion in sprachlichen Begründungen und Widerlegungen. Die Passung aller ebenen Flächen ist ein Sachverhalt, der sich logisch, also durch ein Denken ergibt, das auf die Mittel unseres sprachfreien Handels gerichtet ist, zu bestimmten Zwecken glatte, sphärische, ebene und andere Flächen zu produzieren. Die reflektierende sprachliche Darstellung der handwerklichen Handlungen, Ebenen herzustellen, zeigt, daß man sich dadurch sozusagen gewisse Folgen „eingekauft" hat. Im Vollzug des Alltagslebens ist dies so selbstverständlich wie nur irgendetwas – vergleichbar der Selbstverständlichkeit, daß man z. B. einen bestimmten Apfel nur einmal essen kann, daß man nicht zugleich (in einem aristotelischen Beispiel) in einen Brunnen fallen und nicht in einen Brunnen fallen kann, bis hin zu räumlich komplexen Verhältnissen, daß bei bestimmten Schraubengewinden eine Mutter von beiden Seiten her gleichermaßen auf die Schraube paßt. (In der Fachliteratur zur Protophysik des Raumes ist ausgeführt, inwiefern diese Erkenntnisse eines Handlungsfolgewissens eine Interpretation des kantischen synthetischen Apriori leisten. Damit sind wir schließlich auf die Beispiele zurückgekommen, die in der Geistesgeschichte (vgl. Kapitel III) ungerechtfertigterweise zum Argument für eine Naturalisierung geworden sind.)

Nicht nur sind Ebenen und ihre Passung wie die ungezählten anderen Gegenstände und Sachverhalte unseres Handlungsfolgewissens künstliche und damit Kulturgegenstände; sie sind auch Beispiele, die nicht allein aus Sinneswahrnehmung oder Erfahrung begründet werden können. Die alten Gegensätze, die als Fortführungen und verschiedene Ausprägungen der mit Platon und Aristoteles beginnenden Kontroverse anheben, erweisen sich damit als Übertreibungen oder Zuspitzungen bestimmter Perspektiven. Und der Vermittlungsversuch von Kant (bei allen sprachphilosophischen, handlungstheoretischen und durch die modernen Wissenschaften überwundenen Defekten seiner Philosophie) weist in Richtung einer konstruktiven Überwindung dieser Gegensätze.

Dies läßt sich abschließend auch so fassen, daß Wahrnehmen und Denken zwei Beschreibungsaspekte menschlicher Erkenntnisbemühungen sind, die kulturalistisch betrachtet der Vermeidung oder Beseitigung von Störungen verpflichtet werden (sollen): Wahrnehmen und Denken als Aspekte des Erkennens sind weniger geeignete Mittel, im unerbittlichen Streit von Empiristen und Rationalisten auf den Zuschauertribünen zu einem Sieg zu führen. Sie sind vielmehr Aspekte, unter denen sich Mittel gewinnen lassen, Störungen des Wahrnehmens und Störungen des Denkens aufzuspüren und dadurch Erkenntnisbemühungen schrittweise zu mehr Erfolg zu verhelfen.

Diese Einschätzung verlangt eine kleine Schlußbetrachtung, da sie erwartbar einem bösen Verdacht ausgesetzt sein wird: Erkenntnis erscheint beliebig machbar. Wie verhält es sich aber mit den Grenzen der Erkenntnis, mit den bisher überhaupt nicht angesprochenen Formen wie etwa der Selbsterkenntnis und mit der Frage nach der Verbindlichkeit von Erkenntnissen? Zwingt Erkenntnis gleichsam ihrem Charakter nach, sie anzuerkennen oder nicht? Ist spezieller die kultürliche Form der Erkenntnis nicht vielmehr eine moderne kulturalistische Einsicht in ihre Relativität, am Ende gar ihre Beliebigkeit? Anders formuliert, wenn Erkenntnis keine natürliche, in Naturgesetzen kausal erklärbare Leistung des Organismus ist, wie weit bringt es dann der erkennende Mensch mit seinen Kulturleistungen?

4. Der Mensch als Kulturwesen und das Unverfügbare

Große Faszination übt immer wieder die Frage nach den Grenzen der Erkenntnis aus. Statt sich um die verfügbaren Erkenntnisse, ihre Brauchbarkeit, Differenziertheit und Verläßlichkeit zu sorgen, reizt das Überschreiten von Grenzen. Wie steht es nun mit diesen Grenzen, genauer, sind die Grenzen der Erkenntnis selbst erkennbar, und ist gar ihre Unüberschreitbarkeit Gegenstand des Erkennens?

Hier verdienen zuvorderst die sprachliche Formulierung solcher Fragen und die in ihnen verwendeten Metaphern besondere Aufmerksamkeit. Wieder im konsequenten Rückgang auf Handeln und Erleben ist das Wort „Grenze" zunächst eine Bezeichnung von etwas, das durch die Handlung des Begrenzens entsteht. Wer ein Stück Land begrenzt, durch Ziehen eines Zauns, Setzen von Grenzsteinen und, zur Anerkennung und Sicherung der Grenzen, durch Eintragung in eine Landkarte, hat Grenzen erzeugt. Natürliche Grenzen wie eine Küste, der Horizont als Grenze zwischen Himmel und Erde oder auch eine Steilwand im Gebirge sind Übertragungen der vom Menschen gezogenen Grenzen auf das natürlich Vorgefundene. Aber schon dabei wird eine wichtige Einschränkung in Kauf genommen: Während der vom Menschen gezogene Grenzzaun auf einem Terrain steht, das den Zugang zur Grenze von beiden Seiten her erlaubt, sind andere Beispiele für Grenzen nur von einer Seite her zugänglich, die Küste vom Land her (wenn man kein Boot hat), die Steilwand, weil im wahrsten Sinnes des Wortes ein Weitergehen unmöglich ist, vor allem die Grenze zwischen Erde und Himmel, im Sinne des Horizontes, weil diese sogar bei Verlassen des Erdbodens mit Ballon oder Flugzeug mit dem Betrachter als ferne Grenze mitwandert und unüberschreitbar bleibt.

Ist die Frage nach den Grenzen der Erkenntnis so gemeint, daß diese Grenzen das Gewußte vom Ungekannten trennen, so haben wir es – sozusagen schon per definitionem oder aufgrund der verwendeten Metapher – mit einer Grenze wie beim mitwandernden Horizont zu tun. Wo immer der erkennende Mensch erfolgreich in seinen Erkenntnisbemühungen ist – das Nichtgewußte liegt dazu außerhalb. Alles, was dazu dann gesagt werden kann, verdankt sich nicht einem tieferen Eindringen in den Begriff von Erkennen, Erkenntnis und Wissen, sondern den investierten Bildern.

Wenn etwa behauptet wird, die Grenzen der Erkenntnis seien selbst nicht erkennbar, weil dazu ja das Unbekannte, das eventuell das zukünftig Bekannte ist, bereits jetzt bekannt sein müßte, dann ist nicht mehr behauptet worden, als sich trivial bereits aus dem gewählten Bild ergibt. (Die Urheber dieses wie folgender Bilder werden hier nicht namentlich genannt, da hier nicht der Platz ist, ausführlicher auf Texte und ihre Absichten und Hintergründe einzugehen.)

Ein anderes Bild, das sich insbesondere an die schnell wachsenden Wissensbestände der modernen Wissenschaften anschließt, ist das der expandierenden Kugel. Nach diesem Bild wächst menschliche Erkenntnis in allen Richtungen bildlich durch Zunahme des Radius. Daraus folgt geometrisch, daß die Kugeloberfläche als Grenze zum Unbekannten und Ungewußten quadratisch mit dem Radius wächst. Metaphysischen Schauer verbreitet es dann, auf die Paradoxie zu verweisen, daß wir umso weniger wissen, je mehr wir wissen, weil unser Unwissen quadratisch anwächst mit unserem Wissen.

Auch dieses Bild ist mit größter Vorsicht zu nehmen, weil weder klar ist, wie der Mittelpunkt dieser Kugel – sozusagen das Null-Wissen in einem Meer der Unwissenheit – bestimmt ist, noch das Maß des Erkenntniszuwachses als Radius, noch die Zuordnung verschiedener Erkenntnisformen zu den Richtungen der Radien. Noch ist klar, warum dieser Zuwachs in allen Richtungen gleich schnell gehen soll, so daß sich eine Kugeloberfläche ergibt. Mehr noch, nichts spräche bei diesem Bild dagegen, das Volumen der Kugel als das aufgehäufte (wissenschaftliche) Wissen anzusehen, das bekanntlich mit der dritten Potenz des Radius geht, im Unterschied zur zweiten Potenz der Oberfläche: Und plötzlich gibt dasselbe Bild die entgegengesetzte These her, daß unser Wissen schneller wächst als die Grenze zum Nichtgewußten.

Ein dritter Typ von Erkenntnisgrenzen bedient sich des seit der griechischen Antike bekannten Tricks selbstbezüglicher Sätze (und darunter häufig selbstbezüglicher Definitionen). Kann Erkenntnis Erkenntnis erkennen? Als heute modische Spezialform aus Anlaß der großen, aber einseitig naturwissenschaftlichen Fortschritte der Hirnforschung taucht diese Frage gern in der Form auf „Kann das Gehirn das Gehirn erkennen?" Aber auch literarische Formen wie „Kann die Sprache die Sprache zur Sprache bringen?" oder Hinweise wie „Das Sehen kann nicht das Sehen sehen" sind anzutreffen.

Mit dem Szientismus wurde oben eine Form dieser Selbstbezüglichkeit, die heute immer noch viel Anerkennung hat, bereits besprochen: Die Naturwissenschaften erklären die Naturwissenschaften. Die dagegen geltend gemachten Gründe sind, *cum grano salis* (also mit unerheblichen Einschränkungen), auch auf die anderen selbstbezüglichen Fragen anzuwenden: Entweder es geht dabei um geklärte Begriffe von Erkennen, Besprechen oder Erklären; dann ergibt sich im günstigsten Falle ein Zirkelargument, das gar nichts begründet. Oder es werden naiv Begriffe von Erkennen, Besprechen oder Erklären investiert; dann läßt sich aus der Selbstanwendung keine Erkenntnis, weder über die Grenzen noch die Erkenntnis selbst gewinnen – sie wird vielmehr vorausgesetzt, von Fremden geborgt oder gestohlen.

Allgemein läßt sich zu den Grenzen des Erkennens festhalten, daß sich über sie nur mit Aussicht auf (Erkenntnis-)Erfolg diskutieren läßt, wenn es dafür zu einer Klärung der Begriffe von Erkenntnis und Erkenntnisgrenze kommt. Ob solche Klärungen leistungsfähig sind, entscheidet sich dabei nicht im luftleeren Raum von selbst, sondern nur wieder im Blick auf die Zwecke, denen die Erkennensbemühungen um die Erkenntnisgrenzen verpflichtet sind. Was könnten solche Zwecke sein?

Zunächst ist einmal ein Motiv in der wohl jedem Menschen zugänglichen Lebenserfahrung zu sehen, daß die eigenen Erkenntnisse ein Leben lang im Spannungsfeld mit den Erkenntnissen anderer Menschen, ganzer Gruppen, übermächtiger Gesellschaften und Autoritäten stehen. Wo subjektive Gewißheiten für die Selbstbehauptung aus einem bestimmten Selbstverständnis heraus benötigt werden, wirkt es bedrohlich, wenn die subjektiv gewissen Erkenntnisse in Frage gestellt werden. Bedenkt man die enge Verbindung von Erkenntnis mit Können, Kennen und Wissen, dann ist es eine definitorische Selbstverständlichkeit, daß Lebensbewältigung nur mit Hilfe eines für jeden Menschen in der Kulturgemeinschaft als verläßlich unterstellten Repertoires von Erkenntnissen gelingt.

Dem steht die Lebenserfahrung entgegen, daß für gewiß gehaltene Erkenntnisse von ihrem Inhaber selbst als Irrtümer erkannt werden können. Wäre es nicht zu schön, Umwege und Irrtümer gleich zu vermeiden und auf die „wahren" oder „wirklichen" Erkenntnisse zuzugreifen? Aber dann müßte das Problem gelöst sein, diese nun wieder als „wahre" oder „wirkliche" Erkenntnisse letztendlich, abschließend, ja absolut gewiß als solche zu erkennen. Damit zeigt sich, daß die Faszination der Frage nach den

Grenzen der Erkenntnis eng verknüpft ist mit der Iterierbarkeit der Frage nach dem Erkennen, genauer, was vom Erkennen im Sinne eines Problemlösens bleibt, wo Fragen nach dem Erkennen der Erkenntnis und gar nach dem Erkennen des Erkennens der Erkenntnis auftauchen. Anders ausgedrückt, die Frage nach den Grenzen der Erkenntnis bezieht ihre Faszination aus vielen in der Philosophiegeschichte immer wieder aufgegriffenen Problemen, ob Erkenntnis als absolut, überzeitlich, menschenunabhängig oder endgültig gedacht werden kann. Insbesondere in unserer Kulturtradition spielt das Bild eines allwissenden, alle Erkenntnis letzter Gültigkeit besitzenden Gottes eine zusätzlich verwirrende Rolle. (Und Leibniz hat dazu gar die Gesetze der Mathematik so hoch veranschlagt, daß er in der Theodizee schrieb, Gott könnte die Welt nicht anders als dreidimensional geschaffen haben – Erkenntnisse also, die selbst ein allmächtiger Schöpfergott als unverrückbar zu akzeptieren hätte.)

Die Offenheit der Zukunft im Vollzug der Lebensbewältigung, die Suggestion unserer Intellektualkultur, wonach wir die Vergangenheit kennen, aber nicht ändern können, während wir die Zukunft ändern, aber nicht erkennen können, tun ein übriges. Es sind – dafür sprechen die meisten Formen des Fragens nach den Erkenntnisgrenzen – doch wieder die alten philosophischen Probleme der Erkenntnistheorien, die, ob nun den Akteuren bekannt oder nicht, auf Fragen durchschlagen, die in der Lebensbewältigung durch jeden nachdenklichen Menschen in seinen Orientierungs- und Selbstverständnisbemühungen in den Vordergrund drängen. Nur die unerschütterliche Friedlichkeit des selbstgewissen Schwachsinnigen bewahrt vor solcher Herausforderung durch Erkenntnisgrenzen.

Wenn die vorangegangenen Überlegungen, vor allem die im dritten Abschnitt dieses Kapitels versuchte Verbindung von Erkennen und Erkenntnis mit Können, Kennen und Wissen im Handeln und Erleben, überzeugend sind, verliert die Frage nach den Erkenntnisgrenzen zwar nicht ihren Sinn, wohl aber ihre Dramatik. (Dabei ist anzuerkennen, daß viele Menschen weder auf Dramatik noch auf den metaphysischen Schauder verzichten möchten.) Die Grenzen des Erkennens sind dann nämlich die Grenzen unseres Handelns und Erlebens – was hier selbstverständlich das Handeln und Erleben nicht des isolierten Einzelmenschen, sondern des Mitglieds einer Handlungs- und Sprachgemeinschaft auf einer bestimmten Stufe einer Kultur betrifft. Hier sind die Grenzen, wie jeder Mensch weiß, unzählig und von höchst verschiedener Art. Unser Handeln wird einerseits von der Beschränktheit unserer Kräfte und unserer Lebenszeit bestimmt, andererseits von natürlichen und kultürlichen Einschränkungen, von Geboten und Verboten der Natur (etwa der Verfaßtheit unseres Leibes) wie der Kultur (etwa die Handlungsspielräume, die in der Konkurrenz der Bedürfnisse und Zwecke zwischen den Menschen einer Gemeinschaft bestehen).

Es wäre also ein grundlegendes Mißverständnis, die in diesem Buch nachdrücklich auf das Handeln, ja auf das „Machen" von Erkenntnissen abgestellte Erläuterung des Erkennens als Hybris menschlicher Welt- und Naturbemächtigung, sozusagen als Wahn der Machbarkeit zu interpretieren. Vielmehr soll die Besinnung auf die Machbarkeit und Gemachtheit menschlicher Erkenntnisse Augenmaß und Gelassenheit zur Folge haben. Augenmaß, weil in der Tat die eindrucksvollsten Kulturleistungen in gelungener Lebensbewältigung und erfolgreicher Weltbemächtigung durch Erkennen zu sehen sind, andererseits, weil nicht nur die natürlichen Grenzen von Krankheit und Tod, von der Endlichkeit natürlicher Ressourcen und kultürlicher Konfliktbewältigung zur Bescheidenheit mahnen. Gelassenheit, weil es erkennbar ein Irrtum wäre, sich mit seinen Erkenntnisbemühungen in Standpunkte und Perspektiven zu verrennen, nach denen jedes Individuum sozusagen die Verantwortung für den ganzen Globus, für die Mutter Erde und ihre Lufthülle genauso wie für Weltfrieden und Weltwohlfahrt zu übernehmen hätte.

Erkenntnisse als Menschenwerk unterliegen nicht nur individueller und kollektiver Fehlbarkeit, sie unterliegen wegen ihrer Zweckgebundenheit auch einem Wandel an Erkenntnisbedarf. Ewige, absolute oder absolut unverbrüchliche Erkenntnisse sind also nicht nur nicht zu haben, sie versprechen auch nicht, für Lebensbewältigung immer tauglich, geschweige denn die bestmöglichen zu sein.

Die Anbindung von Erkenntnissen an das Handeln und Erleben von Individuen in Kulturgemeinschaften schließt an vielen Stellen das Unverfügbare ein. Selbst unter der fiktiven Annahme optimaler Verantwortung und Rationalität aller Beteiligten ist kein Automatismus zu erkennen, daß die Entwicklung individueller zu kollektiven Erkenntnissen, die ja gemeinschaftliche Erkenntnisse nur bei kollektiver Anerkennung sein können, beliebig gelingt. Damit gewinnt schließlich die Frage nach den Grenzen der Erkenntnis eine andere Bedeutung als sie hat, wenn als Bild die Entdeckungsreisen in unerforschtes Terrain im Hintergrund stehen. Der Mensch als Kulturwesen ist gerade mit dem Verlassen naiver Lebensvollzüge und mit dem erkennenden Zustreben auf das zielgerichtete Erkennen als verfügungsmächtig über die eigenen Erkenntnisse gegenüber dem Tier ausgezeichnet. Diese Verfügbarkeit der eigenen Erkenntnisbemühungen ist aber, wie oben ausgeführt, nur die aktive, handelnde Seite von Vorgängen und Ergebnissen, denen das Erleben und die Erfahrung als zweite Seite ebenso unverzichtbar angehört. Erkenntnisse durch Handeln zu gewinnen, ja zu machen und zu erzwingen, provoziert die Begegnung mit dem Unverfügbaren. So, wie schon der schiere Wunsch, über ein Haus zu springen, trotz unbeschränkter begrifflicher Klarheit und klarer Zielsetzung unerfüllbar ist, so lassen sich auch Erkenntniswünsche begrifflich klar formulieren, deren Unerfüllbarkeit wiederum erkannt werden kann – und es wird den Leser schon nicht mehr überraschen, daß auch hier wieder die verschiedenen Typen von Erkenntnissen eine Rolle spielen: Wer einen dreieckigen Kreis sehen will, hat einen aus anderen Gründen unerfüllbaren Erkenntniswunsch als der, der die Welt utopisch im Zustand vollendeten Glücks und Überflusses aller sehen möchte.

„Was ist Erkenntnis?" erweist sich damit als eine Frage, die weit über die Nachfrage nach den Leistungen von Wahrnehmen und Denken, nach der Verbindlichkeit von Alltagserkenntnissen sowie nach Art und Geltung der wissenschaftlichen Erkenntnisse hinausgeht: Sie ist ohne einen engen Bezug zur Frage nach Selbsterkenntnis, ohne Bezug zur Frage „Was ist der Mensch?" nicht mit Hoffnung auf eine Antwort zu diskutieren. Wird sie aber mit diesem Bezug diskutiert, wächst jedem Teilnehmer an dieser Diskussion die Rolle zu, letztlich nur im eigenen Vollzug von Handlungen, im eigenen Erleben und in den eigenen Bemühungen die so gewonnenen Erkenntnisse kritisch zu beurteilen – d.h. die Rolle einer unhintergehbaren Autorität.

Literatur

Aristoteles, *Erste Analytik* und *Zweite Analytik,* Hg. u. Übers. V. Paul Gohlke, Paderborn 1953.

Aristoteles, *Metaphysik.* Bücher I–VI, Neubearb. d. Übers. v. Hermann Bonitz, Hamburg 1989.

Bacon, Francis, *Novum Organum Scientarium.* In: The Works of Francis Bacon, 1. Bd., Stuttgart-Bad Canstatt 1963.

Berkeley, George, *Eine Abhandlung über die Prinzipien der menschlichen Erkenntnis,* [EA: Dublin, 1710] Hg. A. Klemmt, Hamburg ²1979. Orig.: *A Treatise Concerning the Principles of Human Knowledge.* The Works of G. Berkeley, Hg. A. C. Fraser, Oxford 1901.

Descartes, René, *Abhandlung über die Methode, seine Vernunft richtig zu leiten und die Wahrheit in den Wissenschaften zu suchen* (Orig.: *Discours de la méthode pour bien conduire sa raison, et chercher la vérité dans les sciences)* [EA: Leiden, 1637] Übers. u. Hg. L. Gäbe, lat./dt. (*Von der Methode des richtigen Vernunftgebrauchs und der wissenschaftlichen Forschung*), Hamburg 1964.

Dingler, Hugo, *Die Ergreifung des Wirklichen,* Hg. W. Krampf, München 1955.

Gabriel, Gottfried, *Grundprobleme der Erkenntnistheorie – Von Descartes zu Wittgenstein,* Paderborn 1993.

Galileo Galilei, *Unterredungen und mathematische Demonstrationen über zwei neue Wissenszweige, die Mechanik und die Fallgesetze betreffend,* Hg. Arthur von Oettingen, Darmstadt 1964.

Goldman, Alvin I. (Hg.), *Readings in Philosophy and Cognitive Science,* Cambridge/Mass. 1993.

Hertz, Heinrich, *Die Prinzipien der Mechanik. In neuem Zusammenhange dargestellt,* Leipzig 1884, Neudruck Darmstadt 1963.

Hobbes, Thomas, *Leviathan.* G. v. H. Klenner, Übers. Jutta Schlösser, Hamburg 1996.

Hume, David, *Eine Untersuchung über den menschlichen Verstand.* [EA: London, 1748] Hg. R. Richter, Hamburg 1993. Orig.: *An Enquiry Concerning Human Understanding,* Hg. L. A. Selby-Bigge, Oxford ³1975.

Janich, Peter, *Euklids Erbe. Ist der Raum dreidimensional?,* München 1989.

Janich, Peter, *Was ist Wahrheit? Eine philosophische Einführung,* München 1996.

Kant, Immanuel, *Kritik der reinen Vernunft.* [EA: Riga, 1781] Gesammelte Schriften (Akademieausgabe), Bde. III u. IV, 1903/1904 (Repr. 1968).

Keil, Geert u. Schnädelbach, Herbert (Hg.), *Naturalismus,* Frankfurt 2000.

Kornblith, Hilary (Hg.), *Naturalizing Epistemology,* Cambridge/Mass./ London ³1985.

Lehrer, Keith, *Theory of Knowledge,* Boulder/San Francisco 1990.

Leibniz, Gottfried Wilhelm, *Neue Abhandlungen über den menschlichen Verstand* (Orig.: *Nouveaux essais sur l'entendement humain*), [entst.: 1704, EA: 1765] Hg. W. von Engelhardt u. H. H. Holz, 2 Bde., frz./dt., Frankfurt a. M. 1961.

Locke, John, *Versuch über den menschlichen Verstand*, [EA: London, 1690] 2 Bde., Hamburg, 1981. Orig.: *An Essay Concerning Human Understanding*, Hg. A. C. Fraser, 2 Bde., Oxford ²1959.

Lorenz, Konrad, *Die Rückseite des Spiegels*, München 1973.

Mach, Ernst, *Die Analyse der Empfindungen und das Verhältnis des Physischen zum Psychischen*, Leipzig 1900.

Piaget, Jean, *Biologie und Erkenntnis*, Übers. Angelika Geyer, Frankfurt a. M. 1974. Orig.: *Biologie et connaissance*, Paris 1967.

Popper, Karl, *Objektive Erkenntnis*, Hamburg 1973. Orig.: *Objective Knowledge*, [EA: Oxford, 1972].

Quine, Willard Van Orman, *„Epistemology naturalized"*. Akten des 14. Internationalen Kongresses für Philosophie. Bd. IV, Wien (1968), S. 87–103. Auch in: *Ontological Relativity and Other Essays*, New York 1969, S. 69–90.

Schmitz, Hermann, *Der unerschöpfliche Gegenstand. Grundzüge der Philosophie*, Bern ³1995.

Thomas von Aquin, *De veritate* (Quaestio I), lat./dt., Hg. A. Zimmermann, Hamburg 1986. Übers. u. Hg. Clemens Thaer, Darmstadt 1980.

Vollmer, Gerhard, *Evolutionäre Erkenntnistheorie*, Stuttgart 1975.

Wittgenstein, Ludwig, *Tractatus Logico-Philosophicus*, Frankfurt 1963.

Namenverzeichnis

Sachverzeichnis

Philosophie in der Beck'schen Reihe

Peter Janich
Was ist Wahrheit?
Eine philosophische Einführung
1996. 133 Seiten. Paperback
Beck'sche Reihe Band 2052
C.H. Beck Wissen

Peter Janich
Kleine Philosophie der Naturwissenschaften
1997. 207 Seiten mit 2 Abbildungen. Paperback
Beck'sche Reihe Band 1203

Annemarie Pieper
Gut und Böse
1997. 128 Seiten. Paperback
Beck'sche Reihe Band 2077
C.H. Beck Wissen

Rafael Ferber
Philosophische Grundbegriffe
Eine Einführung
6., erneut überarbeitete Auflage. 1999. 238 Seiten. Paperback
Beck'sche Reihe Band 1054

Ekkehard Martens
Ich denke, also bin ich
Grundtexte der Philosophie
2000. 272 Seiten. Paperback
Beck'sche Reihe Band 1364

Verlag C.H. Beck München

Reihe „Denker"
herausgegeben von Otfried Höffe

Verlag C. H. Beck München